横山カズ **KAZ YOKOYAMA**

入門

独学でも英語が話せる

3分間

話せる

COMPLETE TRAINING SET

パワー音読

トレーニング

Gakken

はじめに

　経験上、100人に1人くらいいわゆる「語学の才能のある人」に出会います。

　彼らを観察していると、必ず共通していることがあります。

　それはとにかく感情と言語を結びつけることがうまく、その2つが見事に連動していることです。

「でもそれは才能がないと無理なのでは？」

　と思われるかもしれませんが、決してそんなことはありません。

「才能のある」彼らが無意識にやってきたことも、本書があれば意図的に、そして積極的に実現できます。

　また、「英語の資格を努力して取りましたが、英語をうまく話せないんです」という相談も毎日のように頂きます。それは努力が足りないからではもちろんありません。

　すべては目標設定の問題なのです。

「流暢に英語を話したい」のであれば、取るべき方針はその目的に最適化したものでなければなりません。そこにキレイ事が入る余地はありません。

　語学において「素早く話せること」は絶対的に正しいのです。流暢に話せる人は、話し下手を演じることさえできますが、遅くしか話せなければ実際の会話で取り残され、悔しい思いしか残りません。

　語学は誰にでも身につくようにできています。

行うべき練習とは、

・自分の経験や思い、今ある気持ちにフィットする英語を音読し
・日本語の発想から解放され、主語を自由に取れるようになり
・使い回しのきく自然なパターンを最優先して練習し
・楽に話し、聞き取るための発音練習に集中できる

　という4つの要素を一度に満たせるものです。そしてこの方法は実際に多数の学校や大手企業で成果を上げてきました。本書は特に英語初、中級レベルの方が楽しく取り組めることを心がけました。

　パワー音読®の中でも効果的なオーバーラッピングを本書で導入し、短時間で集中力を一気に高め、望んだ発話力が手に入る設計にしています。また、「それだけでは物足りない！」という方のために、追加の練習ももちろんできるようになっています。

「心の中に起こる気持ちが勝手に英語になってしまう！」
　この感覚を味わってください。

「内より湧き出る感覚」を味わったときには、当たり前のように英語が口に出せていることでしょう。

Listen to the voice within.

横山カズ

本書は(株)ディーエイチシーより刊行された名著『独学でも英語が話せる3分間パワー音読トレーニング』の一部を最新情報に編集しなおし、音声を再収録してリニューアルしたものです。

Contents

Chapter 1 　感覚を養うトレーニング ……………… 13

Chapter 2 　3分間パワー音読トレーニング ……… 21

本書の使い方

ステップ①　英文

最初にページの見出しとリードから状況をイメージして音読に取り組んでください。

ステップ②　日本語訳

英文で状況がわからないときはぜひ訳を見てから練習してください。状況をイメージすることが重要です。

ステップ③　発音

英語の流暢さを手に入れるには、音にも注意しましょう。カラー文字はリダクション（消音）しやすい音です。ネイティブスピーカーの音声もしっかり聞きましょう。

ステップ④　Useful Expressions

英文に出てくる使える重要表現です。特に重要な表現は繰り返し登場します。

ステップ⑤　瞬発力TIPS

英語を瞬間的に思いつく回路を養うためのコツを紹介しています。

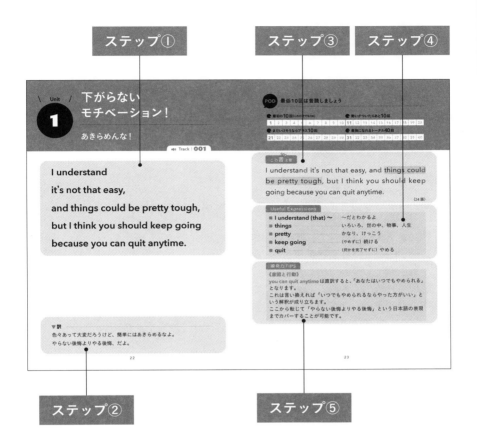

ステップ①

ステップ③　ステップ④

ステップ②

ステップ⑤

WPM の計測法

WPM（Words per minute）は、「1分間に話される語数」のことです。自分のWPMを以下の計算式で計ってみましょう。

英文の語数÷読むのにかかった時間（秒数）× 60

時間の計測には、スマホのタイマーやキッチンタイマーなどを使うと便利です。なるべく速く音読することを目指してトレーニングに励んでください！

パワー音読（POD）の手順

Step1

チャンク音読 | 意味のカタマリをとらえる
目安：30 秒

《方法》
改行されている英文を、一行ごとの英文がまるで一語であるかのように「意味のカタマリ」としてとらえ、一息で速く読み上げる。
《効果》
英文を頭から理解する力が強化される。
英語の基本構造である A is B、A does B のパターンを無意識にとらえる素地を作る。

Step2

ノーマル音読（標準オーバーラッピング） | 英語の音声感覚をとらえる
目安：30 秒

《方法》
行で区切らず、右ページのカラーの文字の音（口の形は作るが実際には発音されないことが多い）に注意しながら、ネイティブスピーカーの声を聞き、普通のスピードでオーバーラッピングする。
※オーバーラッピングとは、ネイティブスピーカーの音声の上から自分も声に出して言うこと
《効果》
英語の音の強弱、リズム、音声を体に刷り込む。
話し、聞き取るための英語全体の素地を養成する。

Step3

ささやき音読 | 子音の発音を改善する
目安：30 秒

《方法》
30 秒間を目安に、声を出さずに内緒話のように息の力だけで音読する。
《効果》
子音の発音を改善し、リスニング力の強化を図る。

Step4

和訳音読 | 英文の意味を母語で深くとらえる
目安：40 秒

《方法》
日本語訳を 3 回、情景を意識し、自分の感情体験と照らし合わせ、感情を込めて音読する。

《効果》
英文の意味をより深くとらえられるようになる。
この和訳音読で英文と感情をつなぐ下準備を行う。

Step5

感情音読（高速オーバーラッピング） | 英文と自分の感情を直結させる
目安：50 秒

《方法》
感情のこもったスピーディーなモデル音声と、最初から最後までタイミングが完全に一致するところまで練習を行う。

《効果》
英文と感情が結びつき、その感情を覚えた瞬間に英文が出るようになる。
会話で相手の気持ちを察しやすくなる。
速く話された英語も聞き取れるようになる。

＋（余力のある方は）
プラス

Step6

タイムアタック音読 | 英文を脳に叩き込む
目安：3 分間

《方法》
Step5 の感情音読のやり方でさらに 3 分間音読する。

《効果》
自然な文法・語法感覚が身につき、英文を自分で生み出す素地ができる。

音声のご利用方法

方法1 音声再生アプリで再生する

右の QR コードをスマホなどで読み取るか、下の URL にアクセスしてアプリをダウンロードしてください。ダウンロード後、アプリを起動して『入門・独学で英語が話せる3分間パワー音読トレーニング』を選択すると、端末に音声がダウンロードできます。

https://gakken-ep.jp/extra/myotomo/

方法2 MP3形式の音声で再生する

上記の方法1のURL、もしくはQRコードでページにアクセスし、ページ下方の【語学・検定】から『入門・独学で英語が話せる3分間パワー音読トレーニング』を選択すると、音声ファイルがダウンロードされます。

ご利用上の注意

お客様のネット環境およびスマホやタブレット端末の環境により、音声の再生やアプリの利用ができない場合、当社は責任を負いかねます。また、スマホやタブレット端末へのアプリのインストール方法など、技術的なお問い合わせにはご対応できません。ご理解いただきますようお願いいたします。

Chapter

1

感覚を養う
トレーニング

本格的な音読練習に入る前に、ネイティブスピーカーの英語
感覚を養うコツを紹介します。

1. 無生物主語

　英語では、主語が人間ではなく、モノになることがとても多いのをご存じでしょうか。自分のことを語るときに、いつもIを連発するのは、母語の日本語に邪魔されて、英語らしくないのです。無生物主語を意識し、積極的に使っていくと、日本語的な発想から自由になって、より自然な英語を楽に思いつくようになります。

1 コーヒーの香りで目が覚める

When I drink coffee, I wake up. ではなく、

The smell of coffee wakes me up.

2 宿題やらなくちゃ

I need to do my homework. ではなく、

My homework is waiting for me.

2. It と Things と The thing で英語は制圧！

　人は年をとれば、日本語の単語や表現でさえ、忘れることがあるものです。それはもちろん英語でも同じかそれ以上だと言えるでしょう。ある意味において、一定の年齢から新しい単語を覚えようとするのは大変な負担が伴うと言えます。そこで選択肢は大雑把に言って2つあります。1つ目は刻苦勉励し単語を覚え続け、覚えては忘れることを繰り返す。2つ目は、物事はどんどん The thing（例のやつ、例のもの）で言いかえる。これで単語の「ど忘れ」もこわくない！

1　関係詞の使い方に慣れる！

- ■ あなたがすること　　　　　　➡ WHAT you do
- ■ あなたが居る場所　　　　　　➡ WHERE you are
- ■ あなたが（それを）する場所　➡ WHERE you do it
- ■ （それを）する人　　　　　　➡ WHO does it
- ■ （それを）する時　　　　　　➡ WHEN you do it
- ■ （それを）する理由　　　　　➡ WHY you do it
- ■ （それを）一緒にする人　　　➡ WHO(M) you do it with
- ■ （それの）やり方　　　　　　➡ HOW you do it

- すること、行動、行い、活動、行為、（仕事などの）内容

  → **what you do**

- 居るところ、居場所、立ち位置、順位、ランク、地位、身分、序列、位置付け、クラス

  → **where you are**

- する人、行為者、犯人、実行者

  → **who does it**

- する時、するタイミング、業務時間

  → **when you do it**

■ する理由、契機、根拠、理屈、筋合い、事情、事由、大義
名分、錦の御旗

　➡ **why you do it**

■ 一緒にする人、仲間、共犯者、チームメイト、同胞、同盟、
同志、仲間、同朋、同士、友、味方、戦友、同好の士、同人

　➡ **who(m) you do it with**

■ やり方、方法、セオリー、方法論、手法、作法、やり口、
手口、手段

　➡ **how you do it**

3 It を使いこなす

ぶっちゃけろ

→ **Tell it**

現実見ろ

→ **Face it**

結果出せ

→ **Prove it**

気にしない

→ **Forget it**

リスク取れ

→ **Risk it**

出たとこ勝負だ

→ **Wing it**

何とかしろ

➡ Manage it

死ぬ気でいけ

➡ Take it

恩にきる

➡ Appreciate it

本気だよ

➡ I mean it

ばれてるよ

➡ They know it

分かるでしょ

➡ You know it

4 世の中、物事、いろいろ、はすべて Things

■ 世の中いろいろ大変さ

➡ **Things** were tough back in the days.

■ 彼は世の中を分かっちゃいない

➡ He doesn't understand **things**.

5 思い出せない名詞は全て The thing

■ あれ、どこだっけ？

➡ Where's **the thing**?

Chapter

2

3分間パワー音読
トレーニング

それではいよいよパワー音読の練習を行いましょう。見開き
の右上には音読をした回数をチェックするボックスがありま
す。それを活用しながら、自分が納得できるまで繰り返し音
読をしてください。

Unit 1 下がらない モチベーション！

あきらめんな！

Track | 001

I understand

it's not that easy,

and things could be pretty tough,

but I think you should keep going

because you can quit anytime.

▼訳

色々あって大変だろうけど、簡単にはあきらめるなよ。
やらない後悔よりやる後悔、だよ。

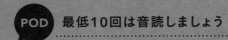

この音注意

I understand it's not that easy, and things could be pretty tough, but I think you should keep going because you can quit anytime.

(24 語)

Useful Expressions

- **I understand (that) 〜** ——— 〜だとわかるよ
- **things** ——— いろいろ、世の中、物事、人生
- **pretty** ——— かなり、けっこう
- **keep going** ——— （やめずに）続ける
- **quit** ——— （何かを完了せずに）やめる

瞬発力 TIPS

《意図と行動》

you can quit anytime は直訳すると、「あなたはいつでもやめられる」となります。

これは言い換えれば「いつでもやめられるならやった方がいい」という解釈が成り立ちます。

ここから転じて「やらない後悔よりやる後悔」という日本語の表現までカバーすることが可能です。

People around me often say

I'm too old to start,

but I know it's never too late.

Thankfully,

I've seen lots of living proof.

▼訳

始めるにはもう遅いってよく言われるんだけど、開始年齢なんて関係な
いと思ってる。
生き証人がたくさんいてよかったよ。

POD 最低10回は音読しましょう

🗣 最初の**10回**(これだけでもOK)

| 1 | 2 | 3 | 4 | 5 | 6 | 7 | 8 | 9 | 10 |

🗣 勢いがついたらあと**10回**

| 11 | 12 | 13 | 14 | 15 | 16 | 17 | 18 | 19 | 20 |

🗣 まだいけそうならプラス**10回**

| 21 | 22 | 23 | 24 | 25 | 26 | 27 | 28 | 29 | 30 |

🗣 最強になれる**トータル40回**

| 31 | 32 | 33 | 34 | 35 | 36 | 37 | 38 | 39 | 40 |

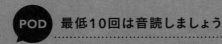
この**音**注意

People around me often say I'm too old to start,

but I know it's never too late.

Thankfully, I've seen lots of living proof.

（24 語）

Useful Expressions

- **People around me often say 〜** ——— 〜とよく言われる
  は意味のカタマリとして一語のようにひと息で。

- **never too late** ——— 遅すぎるということはない
- **thankfully** ——— ありがたいことに（〜でよかった）
- **living proof** ——— 生き証人、生きた証拠

瞬発力 TIPS

《受動態を避ける技！》
日本語では無意識に「よく言われるんだけど」のように受け身の形が非常によく使われます。
ここで直訳して受動態を使うくせがつくと英語は非常に話しにくくなってしまいます。
「よく言われるんだけど」を People around me often say と、瞬間的に People around me を主語にとれるようにしておきましょう。

明日やろうは
バカやろう！

考える前にやる！

I do it

before I have time to think

about whether I feel like it or not!!

Only fools procrastinate.

▼訳

やる気が出るかどうか考える前に、やる！
明日やろうはバカやろうだ。

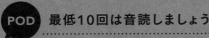

この**音**注意

I do it before I have time to think about
whether I feel like it or not!!
Only fools procrastinate.

（20 語）

Useful Expressions

- **do it** ──────── （何でも）やる
- **whether 〜 or not** ── 〜かどうか
- **fools** ──────── 愚か者ども、馬鹿ども
- **procrastinate** ──── 先延ばしする

瞬発力 TIPS

《It の実戦技！》
ここでの「やる！」のように、目的語がなく「何をやるのか」が分
からない日本語には迷わず、**do it** のように **it** をつければ大丈夫です。
日本語の中で主語や目的語がない場合は、迷わず **it** をつけておけば
大丈夫です！

自分のペースが一番！

無理せず続けることが大事

🔊 Track | **004**

Sometimes

it's better

to "pace yourself"

instead of "burning yourself out."

▼ 訳

"頑張り過ぎて燃え尽きる"より"無理せず低空飛行ででも続ける"ことも大事だよ。

この**音**注意

Sometimes it's better to "pace yourself" instead of "burning yourself out."

(11 語)

Useful Expressions

- **pace 〜self** ———————— 自分のペースでやる（ゆっくり確実に）
- **instead of 〜** ———————— 〜の代わりに
- **burn 〜self out** ———————— 燃え尽きる、疲れ果てる

瞬発力TIPS

《Self系を使いこなす！》

Self 系の表現は、日本語が母語の英語学習者にとって、「知っているけどとっさに言えない」表現の典型だと言えます。

ここでの pace yourself は直訳すると、「自分自身にペースを決めさせる」となり、転じて「自分のペースでやる」という意味になります。また同じパターンで、burn yourself out と言えば、「自分自身を燃やし尽くす」となり転じて「燃え尽きる」「疲れ果てる」という意味になります。

他にこの「Self系」で次ページのようなものを知っておけば、実践のスピーキングが非常に楽になります。

思いつきにくいSelf系をまとめておきます。

 英文を手で隠して練習しよう！

① （手を）切っちゃった　　　➡ I cut myself

② やけどした　　　　　　　➡ I burned myself

③ ついひとりごとを言ってしまう

　　　　　　　　　　　　➡ I tend to talk to myself

④ （料理で）余熱 / 放置でOK ➡ It cooks itself

⑤ 放置で解決①　　　　　　➡ It works itself out

⑥ 放置で解決②　　　　　　➡ It solves itself

⑦ 独学する　　　　　　　　➡ I teach myself

⑧ ナルシスト　　　　　　　➡ He loves himself

⑨ 自明の理　　　　　　　　➡ It speaks for itself

⑩ （体を）ぶつけた　　　　➡ I hit myself

⑪ 気合を入れろ!!　　　　　➡ Psych yourself up!

▌英語でも自分らしく

　私はもともと「言葉」への好奇心が強く、子どもの頃から本を読んでは好きになったフレーズや美しい響きの言葉を心にストックしていました。好きな言葉を知るたびに、ショーケースで輝くおもちゃが増えていくように感じたものです。それはまさに手に入れたいと願った『自分らしさにつながる言葉たち』でした。日本語に限らず英語でも感覚は同じです。英字新聞や小説などをただやみくもに多読するのではなく、その中から自分が興味のある人物や憧れている著名人のインタビュー記事をコレクションしていきました。そうすることで英語を読むことが楽しい作業に変わり、『自分らしい英語』ができ上がっていきます。自分の「興味・感情・考え（主観）」を英語学習の中心に置きましょう。その日から自分の心が新たな表現を欲していることが感じられると思います。

今でも定期的に読み返すというインタビュー記事のスクラップ帳。気に入ったフレーズや表現があれば私家版表現ノートにあえて手で書き写してストックしていく。

プチ贅沢を楽しむ！

自分へのご褒美

I guess

it's time to treat myself

to nice food

at a classy restaurant

for my hard work.

▼訳

頑張った自分へのご褒美として高級なレストランでご馳走のプチ贅沢の
時間かな。

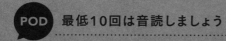

POD　最低10回は音読しましょう

🔊 最初の**10**回（これだけでもOK）　　　　🔊 勢いがついたらあと**10**回

1	2	3	4	5	6	7	8	9	10	11	12	13	14	15	16	17	18	19	20

🔊 まだいけそうならプラス**10**回　　　　🔊 最強になれるトータル**40**回

21	22	23	24	25	26	27	28	29	30	31	32	33	34	35	36	37	38	39	40

この**音**注意

I guess it's time to treat myself to nice food at a classy restaurant for my hard work.

（18 語）

Useful Expressions

- **I guess** ——— 〜だろうね、〜かな
- **treat 人 to 料理** ——— 〜に…をご馳走する
- **classy** ——— 高級な、上品な
- **for 〜** ——— 〜に対して
- **hard work** ——— 頑張り、努力

瞬発力 TIPS

"treat 人 to 料理" で "〜に…をご馳走する" という意味になりますが、ここでtreat myselfとすることで「自分にご馳走する」となり、転じて「プチ贅沢」という日本語のスラングにまで対応することができます。直訳ができたなら、常にその日本語のなかにある実際の「意図と行動」に注目し、より多くの日本語表現をつなぐ習慣をつけましょう。

練習をする
楽しさとは？

楽しさが増すとシンドクない

The more you practice it,

the more you can do it,

the more you want to do it,

the more you enjoy it,

and the less it tires you.

▼訳

練習するほど、できるようになり、やる気が出てきて、楽しさが増し、
しんどくなくなる。

この音注意

The more you practice it, the more you can do it,
the more you want to do it, the more you enjoy it,
and the less it tires you.

（29 語）

Useful Expressions

- **The more 〜, the more 〜** ─── 〜するほど、〜である
- **The more 〜, the less 〜** ─── 〜するほど、〜ではなくなる
- 無生物主語 **〜 tires me** ─── 〜はしんどい

瞬発力 TIPS

《The more, the more と The more, the less》
The more, the more のパターンはよく知られていますが、The more, the LESS が使えると表現の幅がぐっと広がります。例えば、日本語のスラングの「不思議ちゃん」であれば、
The more I know her, the less I understand her.
（彼女を知れば知るほど理解できなくなる）
また、「この本の内容は難解で訳が分からない！」であれば、
The more I read it, the less I understand it!!
（読めば読むほどわからなくなる！）
のように自在に応用が利くようになります。

やる気は
やるから出る！

Unit 7

毎晩最低5分は練習

◀)) Track | **007**

Okay,

I'd better practice

for at least 5 minutes

tonight!

That's how

I gain momentum!!

▼訳

今晩最低5分は練習しとくか！

そうやって"勢いがつく"から！

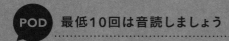

この音注意

Okay, I'd better practice for at least 5 minutes tonight!

That's how I gain momentum!!

（15 語）

Useful Expressions

- **for ～** ──────── ～間（ここでは5分 "間"）
- **at least** ──────── 少なくとも
- **that's how** ──────── そのようにして
- **gain momentum** ──────── 勢いをつける（勢いがつく）

瞬発力 TIPS

I'd better は I had better の短縮です。had better は、should（〜すべきだよ、〜した方がいいよ）の提案のニュアンスとは実はまったく違います。had better には、単に何かを助言したり、すすめたりする意味合いではなく、「〜しなければただじゃ済まさないからな」という怒りや脅迫のニュアンスがあるのです。映画やドラマでも、この表現が登場するシーンは怒りや緊迫感に満ちています。ここでは主語が私を表す I になっているので、「〜しなければいけないな」という「自分への厳しい戒め」のニュアンスとなります。このように独り言としてはよく使いますが、他者には使わない方が無難です。

泥くさくていい！

縁の下の力持ち

It's absolutely okay that

all of my efforts go unrecognized.

I mean,

I don't need

to be the shining star.

▼訳

私の努力が評価されなくてもいいんだ。自分は縁の下の力持ちでいいと
思ってる。

この**音**注意

It's absolutely okay that all of my efforts go unrecognized.

I mean, I don't need to be the shining star.

（20 語）

Useful Expressions

- **It's okay that 〜** ──────── 〜で構わない、〜でもいい
- 無生物主語 **go unrecognized** 　正当に評価されない、日の目を見ない
- **the shining star** ──────── スター、花形、主役

瞬発力 TIPS

日本語で、「〜でも別に構わないよ」という非常によく使うパターンをとらえておきましょう。この時、瞬間的に It を主語に取って、**It's okay that 〜** で応じられると英語が格段に話しやすくなります。

《"縁の下の力持ち"を英語で？》

「縁の下の力持ち」を英語で表すことはできますが、これは英語に直訳するのは得策ではありません。**go unrecognized** という表現を知っておけば「正当に評価されない、認識されずに終わる、日の目を見ずに終わる」といった日本語がすべて英語で楽々と言えるようになります。

この **go unrecognized** 系の表現は日本的な「奥ゆかしさ」を表現するのに非常に適しています。

また、このパターンは直訳からは発想が困難なので、以下のリストを頭に入れておくと、日本的な価値観だけでなく、その他の様々な話題において使い回しがきき、必ず威力を発揮します。このパターンは **go** の代わりに「**remain 〜ed**」にしても大丈夫です。

📖 英文を手で隠して練習しよう！

① 変わらないままだ　➡ go unchanged

② 評価されぬままだ　➡ go unrecognized

③ 気づかれぬままだ　➡ go unnoticed

④ 無冠のままだ　➡ go uncrowned

⑤ 無敗のままだ　➡ go undefeated

⑥ 処罰されぬままだ　➡ go unpunished

⑦ 目に触れぬままだ　➡ go unseen

⑧ 未解決のままだ　➡ go unsolved

▌狙うはインタビュー記事

　同時通訳者であっても日々の英語トレーニングが欠かせません。本書でも紹介しているとおり、私が実践しているのは自分が気に入ったテーマの英文を音読すること。それも、気に入った人物の「話し言葉」に限ります。そして、繰り返し音読したくなるようないい英文がないか、常にアンテナを張って「宝さがし」を続けているんです。「好きなもの」は必ず楽に覚えられます。私の場合、TIME や Newsweek、The Economist などで見出しを見て、「これだ！」と思ったらまずはサラッと本文を読み、音読用の英文を見つけます。ネットなら、TIME の 10 Questions がおすすめ。または、Google や YouTubeで、「興味のあるトピック名＋interview」や「人物名＋interview」で検索するといいですよ。「これは使える！」と思えるフレーズに出合ったら、必ず手書きで手元の紙に書き取ります。ノートや手帳があればそれに書きますし、とっさにレシートなどの裏に書くこともあります。この「手で書く」というプロセスはそれ自体が記憶装置になっています。そして後ほどパソコンでWordのファイルにまとめています。とにかく、せっかく見つけたフレーズ（宝もの）を確実に自分のものにすることが大切ですね。

著者直筆のトークネタ「宝さがし」フレーズノート

\ Unit /

9

結果が出れば
がんばれる！

結果がやる気を出させる

🔊 Track | **009**

When the results set in,

I get more and more motivated!!

▼訳

結果が出はじめたら、やる気はどんどん出てくるものだな。

POD 最低10回は音読しましょう

🔊 最初の**10**回（これだけでもOK）

1	2	3	4	5	6	7	8	9	10

🔊 勢いがついたらあと**10**回

11	12	13	14	15	16	17	18	19	20

🔊 まだいけそうならプラス**10**回

21	22	23	24	25	26	27	28	29	30

🔊 最強になれるトータル**40**回

31	32	33	34	35	36	37	38	39	40

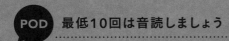

この**音**注意

When the results set in, I get more and more motivated!!

（11語）

Useful Expressions

- **set in** ──────── （結果などが）出はじめる、始まる
- **more and more** ──────── どんどん
- **motivated** ──────── やる気が出ている（状態の）

瞬発力 TIPS

the results set inという表現は、直訳すると「結果が出はじめる」のようになり、日本語が母語の私たちには結構違和感があります。この違和感こそが、見逃してはならない英語的な発想の存在を教えてくれています。日本語であれば「結果が"出る"」というのが普通ですよね。このような発想の表現に出くわしたときに面食らわないように、音読して身体で慣れておきましょう。

また**I get motivated**で「（自分自身の）やる気が"出る"」、「（人、本などが自分等に対して）is/are motivating」では「やる気を出してくれる（存在）」と覚えておけば、表現の幅が広がります。

あきれてものも言えない

火のないところに煙は立たない

He's still saying stuff like that, but things happen for a reason.

▼ 訳

あの人はまだあんなこと言ってるけど、火のないところに煙は立たないんだよな。

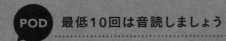
この**音**注意

He's still saying stuff like that, but things happen for a reason.

（12語）

Useful Expressions

- **still** ──────── いまだに、まだ
- **stuff** ──────── 物、こと（＝thing(s)）
- **like that** ──────── そのような
- **things** ──────── 物事
- **for a reason** ──────── しかるべくして、確たる理由があって

瞬発力TIPS

stuff はカジュアルな会話において驚くほどよく使用されます。そして、たいていの場合、「**stuff**」は「**thing/things**」で置き換えることができます。しかし、**stuff** は thing/things とは違い、不可算名詞なので可算名詞専用の **many** という単語は使えません。自分が使用するときは **stuffs** のように複数形の **s** をつけないように気をつけてください。ここで使われている **things** は、「世の中、物事、いろいろ」を表す非常に便利な用法です。

「あいつは世の中が分かってないな」というときは、**He doesn't understand things.**、「昔は大変だったよ」は、**Things were tough back in the day.** のように簡単に言うことができます。

45

うらやましい気持ち

Unit 11

あいつモテるなぁ

🔊 Track | 011

Everyone likes him.

I wish I were the way he is...

I wish I could be him just for one day!!

▼訳

あいつモテるなぁ。
自分もああいう風にありたいなぁ。
1日だけでいいから同じ生活をしてみたい！

POD 最低10回は音読しましょう

● 最初の**10**回（これだけでもOK）

| 1 | 2 | 3 | 4 | 5 | 6 | 7 | 8 | 9 | 10 |

● 勢いがついたらあと**10**回

| 11 | 12 | 13 | 14 | 15 | 16 | 17 | 18 | 19 | 20 |

● まだいけそうならプラス**10**回

| 21 | 22 | 23 | 24 | 25 | 26 | 27 | 28 | 29 | 30 |

● 最強になれるトータル**40**回

| 31 | 32 | 33 | 34 | 35 | 36 | 37 | 38 | 39 | 40 |

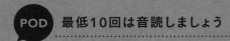

この**音**注意

Everyone likes him.

I wish I were the way he is...

I wish I could be him just for one day!!

(21 語)

Useful Expressions

- **I wish I were 〜** ———— 私が〜だったらいいのに
- **I wish I could 〜** ———— 私が〜できたらいいのに
- **just for one day** ———— たった1日だけ

瞬発力 TIPS

I wish I were 〜「私が〜だったらいいのに」、 I wish I could 〜「私が〜できたらいいのに」、の2つは世に言う「仮定法過去」ですが、ひととおり理解したら、「日本語訳を先に覚えてしまう」という方法をおすすめします。

そうすることで、感情をダイレクトに、そして瞬間的に英語で口に出せるようになります。

また、「〜がうらやましいなぁ」という感情が湧いたときに、envy や jealous ではなく、I wish I could be him/her just for one day!! と言ってみましょう。英語を使いながら、感情が連動している感覚を味わうことができるはずです。英語を通した感情体験を積むほど、スピーキングの瞬発力は向上し、自信がついてきます。

I want to improve myself

further, and

be the best I can be

doing the best I can

all the time.

▼訳 ....

いつでもベストを尽くしながら自分を高め、最高の状態でいたいと思ってる

POD 最低10回は音読しましょう

● 最初の**10回**(これだけでもOK)
1	2	3	4	5	6	7	8	9	10

● 勢いがついたらあと**10回**
11	12	13	14	15	16	17	18	19	20

● まだいけそうならプラス**10回**
21	22	23	24	25	26	27	28	29	30

● 最強になれるトータル**40回**
31	32	33	34	35	36	37	38	39	40

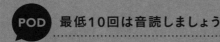

この**音**注意

I want to improve myself further, and be the best I can be doing the best I can all the time.

（21 語）

Useful Expressions

- **improve 〜self further** ──── 自分自身をより一層高める
- **the best 〜 can be** ──── 〜の最高の状態
- **all the time** ──── いつであっても

瞬発力TIPS

improve は「改善する」「改良する」「向上させる」「高める」などの意味があります。

そしてこの動詞は、ビジネス、英語のスピーキングやライティングの試験などで、非常に使い回しがきく「魔法の動詞」です。

次ページのリストを頭に入れておくだけで、様々な局面で建設的に会話をすることが可能になります。

《further と more》

further は「さらに」、more は「もっと」と覚えておけば間違いがありません。

further は「もっと先に、程度がさらに進んで」という距離のイメージで、more は単純に、「もっと、より多く」というイメージです。つまり、further の方は、物事の進展具合を表しているといえます。

◆魔法の動詞 IMPROVE

improve +
- the situation
- our health
- the environment
- the economy
- our performance
- our skills
- the relationship
- the communication
- the effectiveness
- the efficiency
- the quality

▌受動態を排除せよ！

　日本語の時点で受動態を能動態に変換するのが、流暢な英語を話すコツです。例えば、「あの人はみんなに好かれているなあ」という文を英訳するときは、受動態ではなく能動態にしましょう。

> あの人はみんなに好かれている。
> 　　　　↓
> みんながあの人を好きだ。

　すると次のような英文になりますね。

> **Everyone likes him.**
> あの人はみんなに好かれている。

　この方が英語らしい表現なのです。また、状況を描写するよりも命令形を使うというコツもあります。例えば、口をぽかんと開けてテレビを見ている子どもに、お母さんが「口、開いてるよ」と言ったとします。直訳すれば、Your mouth is open. ですが、お母さんの意図をもっと明確にしましょう。要は口を閉めてほしいわけですから、こうなります。

> **Close your mouth.**（口、開いてるよ→口を閉めなさい）

　他にも、「まだまだ青いね」（He's still green. という言い方もありますが）と言うよりも

> **Grow up!**（成長しなさい！）

　と同じ意味合いで表現できます。状態を描写するより命令形を使った方が、より意図を明確に伝えられるケースは非常に多くあるのです。

What you say makes it

even more compelling.

I mean,

I guess

it makes perfect sense

to me now.

▼訳

そう言われるとさらに説得力が増すなぁ。

っていうか、もう説得されちゃったかもしれない。

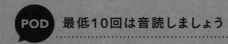
この**音**注意

What you say makes it even more compelling.

I mean, I guess it makes perfect sense to me now.

（19 語）

Useful Expressions

- **What you say** ——— あなたの話すこと
- **compelling** ——— 説得力のある、人の心をつかんで離さない
- 無生物主語 **make sense** (to ～) ……… (～が) 納得する

瞬発力 TIPS

what you say（あなたの言う"こと"）のように、関係詞の what は「もの、こと」と覚えておくと、具体的な単語を言わなくてすむので非常に会話が楽になります。

また、自分の意見を言うときに、I think ～, I think ～とだけ言う代わりに、次ページのリストのようなパターンを知っておきましょう。会話の出だしが非常にスムーズになります。また、本題に入る前に時間稼ぎもでき、格段に会話することに余裕が生まれ、自信がつきます。

📖 英文を手で隠して練習しよう！

① よく〜って思います ➡ What I often think is〜

② 普段は〜してます ➡ What I usually do is〜

③ 君のいいところは〜 ➡ What I like about you is〜

④ とりあえず〜しないと ➡ What we need to do for now is〜

⑤ おっしゃっていることは〜ですよね？

➡ What I think you're trying to say is〜, right?

瞬発力 TIPS

《難訳語 "納得する" の make sense》

make sense to 〜 は直訳すると「〜に意味をなす」となり、意味がとりにくいですが、「〜が納得する / できる」と覚えておくと驚くほど便利な表現です。

「酒の勢いで言ってしまった」。これを英語で表現したいときはどうしますか？「私はたくさんお酒を飲んだ。そしてミスしてしまった」とかみ砕いてから英訳する方法もありますが、ぜひ覚えておいてほしいのが無生物を主語にする方法です。

「あんなことを言ったのは私じゃない。お酒がしゃべったんです」と考えると、次のように表現できます。

It's the wine talking.（あれは酒の勢いで……）

　普段から無生物を主語にしていると、英語らしい表現に常に意識が向くようになり、英語のセンスが自然に養成されます。

The sweets are screaming, "Eat me!!"
（どうしても甘いものが止められない！）

　コンビニやカフェで、大声で呼びかけられて困った人も多いのでは？（笑）

　主語になるのは、飲み物や食べ物ばかりではありません。こんな表現もできます。

Logic cries.（理屈じゃないんだよな…）

　無生物を主語にすると、簡単で生き生きした表現になると覚えておいてください。英語を読むときは、無生物主語を使った表現をコレクションしてくださいね！

I thought

it didn't affect me much,

but now I see

it showed me

what not to do and be like.

▼ 訳
あんなものは対岸の火事だと思っていたけど、実は他山の石なんだよね。

POD 最低10回は音読しましょう

🔊 最初の**10**回（これだけでもOK）

1	2	3	4	5	6	7	8	9	10

🔊 勢いがついたらあと**10**回

11	12	13	14	15	16	17	18	19	20

🔊 まだいけそうならプラス**10**回

21	22	23	24	25	26	27	28	29	30

🔊 最強になれるトータル**40**回

31	32	33	34	35	36	37	38	39	40

この**音**注意

I thought it didn't affect me much,

but now I see it showed me what not to do and

be like.

(21 語)

Useful Expressions

■ **what not to do and be like** ———— してはいけないことと
あるべきではない姿
は意味のカタマリとして一語のようにひと息で。

■ **affect** ———————————— （ダイレクトに）影響する

瞬発力TIPS

affect は influence とともに「影響する」と学校の英語の授業では習うかも知れませんが、affect は「直接的にその対象へ影響を及ぼす」イメージで、influence は「間接的にその対象へ影響を及ぼす」というイメージとなることを覚えておきましょう。
例えば、地震などの災害の被災地は affected areas のように表現されます。

《ことわざこそ自由に発想を！》
「対岸の火事」は「自分には関係が無い」という意味なので、
⇒ It doesn't affect me much（自分には大して影響がない）
「他山の石」は「どんなことでも自分のためになる」という意味なので、
⇒ It shows me what not to do and be like（してはいけないこととあるべ

きではない姿)
で、しっかりとその意図や内容を伝えることが可能です。

what not to do and be like（してはいけないこととあるべきではない姿）は
what not to do　してはいけないこと
what not to be like　あるべきではない姿
の2つが合体したものです。
「よくない例を示す/残す」を表す表現としてset a bad example /
create a bad precedentのような直訳的な言い方もありますが、こ
こでwhat not to 〜という汎用性の高いパターンを使って練習するこ
とで、日常におけるスピーディーな英語の運用能力を高めておくこ
とができます。

▍YouTube で英語で暴れてみよう！

英語の勉強に役立つ３つの YouTube 活用法をご紹介します。

①興味が持てる素材を見つけよう！

英語学習には、自分が興味を持っている人物やテーマを素材にするのが一番効果的です。方法は簡単です。YouTube で、「人名　interview」「分野名　interview」、または、「人名　分野名　interview」で検索するだけです。人名や分野名は日本語でもいいのですが、英語のインタビューを見たいわけですから、英語で入力したほうがいいでしょう。

②コメントをチェックして音読しよう！

YouTube で配信される動画にはコメント欄があり、動画を見た人が自由にコメントできるようになっていますよね。コメント発信者は同じ動画を見た人であるため、あなたと興味、関心が似ている人だと考えられます。そうしたコメントこそ音読するのにぴったりな教材なのです。中にはアンチのコメントがあったり、論争になって意見をぶつけ合ったりしていますが、それらもリアルな最上の英語教材となります。読みながら「この人はきっと酔っ払って書いてるな」「この人は理性的（感情的）なタイプだなあ」「こういう人、日本にもいるよなあ」のようにコトバの向こう側の感情や性格にまで関心が向くと、読むことが突然楽しくなります！

③コメントで国際デビューしよう！

もう一歩踏み出して、自分でもコメント欄に書き込むのもよいでしょう。そうするだけで、立派な英語のアウトプットになります。議論もできれば、ネット上で友達ができるかもしれません。コメント欄を使う学習法の利点は、すべて履歴に残せるということです。

やらないよりは マシだ！

何もしないよりマシだ

Doing stuff like this

doesn't mean much,

but it's still better than nothing,

I suppose.

▼訳 ....

こんなことをしても、まぁ気休めかもしれないけど、何もしないよりは
ましだろう。

POD 最低10回は音読しましょう

● 最初の**10**回(これだけでもOK)

| 1 | 2 | 3 | 4 | 5 | 6 | 7 | 8 | 9 | 10 |

● 勢いがついたらあと**10**回

| 11 | 12 | 13 | 14 | 15 | 16 | 17 | 18 | 19 | 20 |

● まだいけそうならプラス**10**回

| 21 | 22 | 23 | 24 | 25 | 26 | 27 | 28 | 29 | 30 |

● 最強になれるトータル**40**回

| 31 | 32 | 33 | 34 | 35 | 36 | 37 | 38 | 39 | 40 |

この音注意

Doing stuff like this doesn't mean much, but it's still better than nothing, I suppose.

(15 語)

Useful Expressions

■ **Doing stuff like this** ── そんなことをすること
は意味のカタマリとして一語のようにひと息で。

■ 無生物主語 **〜 doesn't mean much** ── 〜は大した意味をなさない

■ **better than nothing** ── (何も) ないよりまし

■ **I suppose** ── 〜だろうな、〜じゃないかな、(たぶん)〜だと思う

瞬発力TIPS

無生物主語の発想ですね。**〜 doesn't mean much** は直訳すると「大した意味をなさない」となりますが、転じて、「気休め」という日本語に対応させることが可能です。あくまで、日本語が透けて見えるような直訳ではなく、「意図と行動」をとらえ、英語にしていきましょう！

better than nothing は「(何も) ないよりまし」という意味で、この表現もまた「気休め」という日本語にも対応しています。

🔊 Track | 016

I thought that's

what you said

the other day,

or am I thinking of something else?

▼訳 ....

確かこの前キミがそう言ってたと思うんだけど、私の思い違いかな？

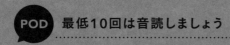

この**音**注意

I thought that's what you said the other day, or am I thinking of something else?

(16 語)

Useful Expressions

■ **what you said** ─── あなたの言ったこと、あなたの話した内容
は意味のカタマリとして一語のようにひと息で。

■ **the other day** ─── この前（に）、先日

■ **something else** ─── 何かほかのこと

瞬発力 TIPS

what you said は「あなたの話したこと」という意味で、このパターンが使えるとスピーキング力は格段に向上します。このような5W1Hを使ったパターンを使いこなせると、具体的な単語を言わなくても、「あなたが〜した物 / こと」という言い換えができます。すると日本語を話している時のように文脈を利用することができるようになります。以下のリストを頭に入れて、どんどん応用パターンを広げていってください。

すること	what you do	居る場所	where you are
する人	who does it	する時	when you do it
する理由	why you do it	やり方	how you do it
一緒にする人	who(m) you do it with		

63

It's been a long time

since I've come here

but I do recognize

a lot of things.

▼訳
長いことここには来てないけれど、見覚えのあるものが結構あるなぁ。

POD 最低10回は音読しましょう

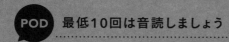

🟡 最初の**10**回(これだけでもOK)

1	2	3	4	5	6	7	8	9	10

🟡 勢いがついたらあと**10**回

11	12	13	14	15	16	17	18	19	20

🟡 まだいけそうならプラス**10**回

21	22	23	24	25	26	27	28	29	30

🟡 最強になれるトータル**40**回

31	32	33	34	35	36	37	38	39	40

この音注意

It's been a long time since I've come here but I do recognize a lot of things.

(17 語)

Useful Expressions

- **It's been a long time** ──── 久しぶりだ
- **since** ──────────── 〜以来
- **recognize** ────────── 認識する（＝見覚えがある）

瞬発力TIPS

It's been a long time は「久しぶり」という意味で、あいさつにおける「久しぶりですね」という意味でもよく使います。ちなみに Long time no see はカジュアルな表現なのでフォーマルな場では It's been a long time を使うことをおすすめします。

recognize は「認識する」という意味で覚えてきたかもしれませんが、「見覚えがある」「(名前は忘れたけど顔や姿は) 覚えてる」の2つの日本語訳を覚えておくと、スピーキングで驚くほど役立ちます。

I know what you mean,

but I think

it will come back to haunt you.

That's how

you could embarrass yourself.

▼訳

言っていることは分かるけど、そんなことばっかりやってると痛い目み
ると思うよ。
そうやって恥かくことになったりするから。

この音注意

I know what you mean, but I think it will come back to haunt you. That's how you could embarrass yourself.

（21語）

Useful Expressions

■ **I know what you mean** ———（あなたの）言っていることが分かるよ
は意味のカタマリとして一語のようにひと息で。

■ 無生物主語 **haunt** ———（幽霊などのように）つきまとう、とりつく
■ **embarrass 〜self** ———（自業自得で）恥をかく

瞬発力TIPS

haunt は 〜 will come back to haunt you というパターンでよく使われます。直訳すると「〜は戻ってきて（幽霊のように）君につきまとう」となり、転じて、「後で大変な目に遭うよ」という日本語に対応します。日本語の俗語で言う「ブーメラン」などもこの表現があれば楽々と英語で言うことができます。
embarrass myself は直訳すると「自分自身に恥をかかせる」という意味で、転じて「（自業自得で）恥をかく」という意味になります。「恥＝humiliate, shame」のような日本語が透けて見えるような直訳ではなく、あくまで、「意図と行動」を捕捉し、英語にしていきましょう。

That reflects his style a lot ...

I mean,

it's really typical

of the way his mind works.

▼ 訳
そういうのって、あの人らしい…というか彼の典型的な思考パターン
だよね。

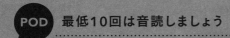

この**音**注意

That reflects his style a lot... I mean, it's really typical of the way his mind works.

（17 語）

Useful Expressions

- 無生物主語 **reflect** ……… 反映する
- **style** ……… 流儀、やり方、あり方
- **be typical of 〜** ……… 〜にありがちだ、〜に特有である、〜の特色をよく示している

瞬発力 TIPS

「あの人らしい」といういかにも日本語的な表現をどう英語にするかは難しいタスクのように感じられるかもしれません。しかし主語を「あの人」という人物ではなく、無生物主語にすれば一気に表現することが楽になります。

That reflects 〜、suits 〜、It's typical of 〜のどれも、He/She のように人間が主語にはなっていないことに注目してください。また、「彼の考え方 / 思考パターン」のような日本語を英語にする際に直訳するとぎこちない言い方になるものですが、ここでもスマートに主語と動詞を使って、the way his mind works という表現を覚えてしまうと便利です。また、応用例としては、My mind doesn't work that way と言えば、「私はそういう考えには同意できない」という意味にもなります。知っておくと、会話での頻出度に驚くはずです。

Unit

20

本当のところは
よく分からない...

色々あるんだけど

🔊 Track | **020**

A lot has been happening,

but we never know

what's really going on

behind the scenes.

▼ 訳

本当に色々あるんだけど、実際のところはよく分からないんですよね。

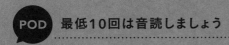

POD 最低10回は音読しましょう

⚫ 最初の**10**回（これだけでもOK）

| 1 | 2 | 3 | 4 | 5 | 6 | 7 | 8 | 9 | 10 |

⚫ 勢いがついたらあと**10**回

| 11 | 12 | 13 | 14 | 15 | 16 | 17 | 18 | 19 | 20 |

⚫ まだいけそうならプラス**10**回

| 21 | 22 | 23 | 24 | 25 | 26 | 27 | 28 | 29 | 30 |

⚫ 最強になれるトータル**40**回

| 31 | 32 | 33 | 34 | 35 | 36 | 37 | 38 | 39 | 40 |

この音注意

A lot has been happening, but we never know what's really going on behind the scenes.

（16 語）

Useful Expressions

- **what's (really) going on** ……… （本当に、実際に）起こっていること、実際の状況、現実
  は意味のカタマリとして一語のようにひと息で。

- **a lot** ………………… 多くのこと
- **we never know** ………… 知ることはない
- **behind the scenes** ……… 見えないところで、舞台裏で、陰で、ひそかに、水面下で

瞬発力TIPS

A lot has happened、A lot has been happening と、A lot を主語にすると、日本語での「本当に色々ありましてねぇ」のようなニュアンスで会話を展開することができます。

実際の状況、現況、といった日本語を思いついたときに、直訳的にthe current situation という訳しかできないと、その単語を忘れた時点で会話はストップしてしまいます。
what's going on というシンプルな関係詞を使った表現を知っておけばこのような心配はなくなります。ひと息で言えるように何度も音読しておきましょう。

あいつ冷めてるな

🔊 Track | **021**

He tends to detach himself

from reality,

and it's hard to tell

what's on his mind.

▼訳

あいつ、結構冷めたところがあるから、何を考えているかわからないんだよな。

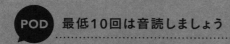

POD 最低10回は音読しましょう

🎮 最初の**10**回（これだけでもOK）

| 1 | 2 | 3 | 4 | 5 | 6 | 7 | 8 | 9 | 10 |

🎮 勢いがついたらあと**10**回

| 11 | 12 | 13 | 14 | 15 | 16 | 17 | 18 | 19 | 20 |

🎮 まだいけそうならプラス**10**回

| 21 | 22 | 23 | 24 | 25 | 26 | 27 | 28 | 29 | 30 |

🎮 最強になれるトータル**40**回

| 31 | 32 | 33 | 34 | 35 | 36 | 37 | 38 | 39 | 40 |

この音注意

He tends to detach himsel**f** from reality, an**d** it's har**d** to tell what's on his min**d**.

（16 語）

Useful Expressions

- **what's on 〜's mind** ──── 〜の考えていること、思っていること
  は意味のカタマリとして一語のようにひと息で。

- **tend to 〜** ──────── つい〜してしまう
- **detach himself from reality** ── 現実離れ（現実逃避）している
- **detach** ────── 引き離す、分離させる
- **tell** ──────── 推測する、予測する

瞬発力 TIPS

tend to 〜 という表現は学校では、「〜する傾向にある」という訳で教えられることが多いですが、実際の会話では、「つい〜してしまう」という意味で使用されることが圧倒的に多いので覚えておきましょう。detach 〜self from reality は直訳すると「自分自身を現実から引き離す」となりますが、転じて、「冷めている、浮世離れしている、雲をつかむような」といったさまざまな日本語の表現に対応することが可能になります。

This article says so,

but I wonder

if it's true...

▼訳

この記事にはこう書いてあるけど、本当なのかなぁ。

POD 最低10回は音読しましょう

最初の10回(これだけでもOK)

1	2	3	4	5	6	7	8	9	10

勢いがついたらあと10回

11	12	13	14	15	16	17	18	19	20

まだいけそうならプラス10回

21	22	23	24	25	26	27	28	29	30

最強になれるトータル40回

31	32	33	34	35	36	37	38	39	40

この音注意

This article says so, but I wonder if it's true...

(10語)

Useful Expressions

- 無生物主語 **〜 says (that) ...** ……… 〜には…と書いてある
- **I wonder if 〜** ……… 〜なのかなぁ

瞬発力TIPS

sayを「言う」という訳だけで覚えておくことはとてももったいないです。「〜と書いてある、〜と書かれている」という訳も覚えておくと、英語的発想で瞬間的に話すことができるようになります。書かれている、という表現は直訳すると受動態（受け身）となり、It is written 〜のような英文を思いつきがちかもしれませんが、It says 〜と言えばとても楽に口に出せて、しかも英語らしい言い回しとなります。
また、応用として、showも使えるようにしておきましょう。パワーポイントなどを使ってプレゼンをしているときに、This figure shows us (that) 〜（この図表を見ると〜だとわかります）という意味となり、ビジネスなどにおいてもとても便利です。

I wonder(〜かなぁ) を使うことができると、常に英語で独り言が言えるようになります。
また、口に出さなくてもいつも英語で心のなかで「思う」能力が身

につきます。いつも思っていることはいつでも口に出せる状態なの
で、どんどん使用するようにしてください。

次のリストが役に立つと思います。

◆ "I wonder" ＋
I wonder what S V	何かなぁ
I wonder when S V	いつかなぁ
I wonder where S V	どこかなぁ
I wonder which S V	どちらかなぁ
I wonder why S V	なぜかなぁ
I wonder if/whether S V	〜だろうか

☆ if には or/or not がつかない
☆ if の方が whether より砕けた表現

▌スピードは絶対善

単語を覚え、熟語を覚え、例文もたくさん覚えたのに、いざというときに英文が思いつかない。そんな経験は誰にでもあるのではないでしょうか。ここで１つ、大事な数字を紹介しましょう。あなたが今、英文を１つ作るのに２分（120秒）かかっているとします。これがもし、瞬間的に0.5秒くらいで英文を作れるようになったらどうでしょうか。

120秒÷0.5秒＝240

あなたの英語を発信するスピードは240倍になるんです！これならスムーズに英語で会話することができますね。英会話には瞬発力が大切なのです。語彙や知識がいくらあっても、発話が遅ければ実際の会話では何の役にも立ちません。

では、瞬発力を高めるにはどんなトレーニングをすればいいのでしょうか。私のおすすめは、次の３つです。

①I wonder ～で「英語で思う」トレーニング

人間は話していないときでも、絶えず心のなかで何か考えていますね。「〜かな？」「〜かしら」とずっと思っているわけです。例えば家を出たあと、「ドアの鍵を閉めたかなぁ」と思ったら次のような表現になります。

I wonder if I locked the door.

このように、基本的な動詞とシンプルな語彙を使い回し、何でも「I wonder if S V」に落とし込んでみましょう。続けていくうちに、「英語で思う」ことが習慣になっていきます。

素早く話せる人はスローに話す自由がありますが、遅くしか話せない人は大きなハンデを背負います。キレイ事にだまされず、スピードを追求しましょう！

81ページへ続く

思い出にふけるとき

懐かしいなぁ

🔊 Track | **023**

I still recognize

a lot of things here.

It brings back memories.

I miss the days

I spent then.

▼ 訳

懐かしい風景だな。
色々思い出してしまう。
あの頃が懐かしい。

POD 最低10回は音読しましょう

🗣 最初の**10回**(これだけでもOK)　　　🗣 勢いがついたらあと**10回**

1	2	3	4	5	6	7	8	9	10	11	12	13	14	15	16	17	18	19	20

🗣 まだいけそうならプラス**10回**　　　🗣 最強になれるトータル**40回**

21	22	23	24	25	26	27	28	29	30	31	32	33	34	35	36	37	38	39	40

この音注意

I still recognize a lot o**f** things here.

I**t** brings ba**ck** memories.

I miss the days I spen**t** then.

（19語）

Useful Expressions

■ **the days I spent** ………… 過ごした日々
は意味のカタマリとして一語のようにひと息で。

■ **bring back** ………… 〔元の場所・持ち主に〕戻す、連れ
戻す、持ち帰る、返却する

■ **miss** ………… 〜が恋しい、〜がなくて苦労する

瞬発力 TIPS

先述しましたが、**recognize** は「認識する」という意味よりも、「見覚えがある」「(名前は忘れたけど顔や姿は)覚えてる」という意味で使われることの方が日常の会話では圧倒的に多いので、しっかりと音読して身体で覚えておきましょう。

《難訳語、懐かしい》
「懐かしい」という日本語を直訳的に英語にすると、**nostalgic** のようになりますが、ここでは応用のきく、《主語＋動詞》の形で言えるよ

うにしておきましょう。It brings back memories は直訳すると「それは記憶を戻してくれる」となり、転じて「懐かしい」を表現することができます。また「懐かしい」という表現には主語がありませんが、先述したように It を主語にして応じれば大丈夫です。感情とともに吐き出される主語のない日本語は常に It で対応できるのです。

また、もう一つの「懐かしい」の表し方として《I miss ＋ the days, the time, the years, the era など時を表す言葉》を使う方法もあります。直訳すれば「あの時間が恋しい」となり、転じて、「懐かしい」を表現することが可能です。

Q クイズ音読　　　　　　　　　　　　| 1 | 2 | 3 | 4 | 5 |

人生は戻れない日々の連続です。そんな話題が出たときに使える表現を習得しましょう。

📖 英文を手で隠して練習しよう！

① 若返ることなく時は進む　➡ We're not getting any younger
② 時間は止まってくれない　➡ Time never stands still
③ 不変は変化のみ　　　　　➡ The only constant is change
④ 生きるとは動くこと　　　➡ Life is movement
⑤ やったことは変えられず　➡ What's done is done

▌話し上手になるスキル

　77ページのコラムの続きです。瞬発力を高めるトレーニングの残る2つは「the way」と「, which」です。

②「the way」を使いこなして話し上手に！

　次に、相手のいいところを見つけたら、ぜひthe way を使って気持ちを伝えましょう。

> あなたの話し方が好き（すてきな話し方ですね）。
> **I like the way you talk.**

③「, which」で途切れることなく話そう

　さらに「カンマ＋ which」の使い方を覚えると、思いついたことを継ぎ足し、どんどん続けて話せるようになります。

> **I went to Kobe the other day and met my old friends, which was a great time because we had such a nice conversation, which I want to do some time soon again, which could be pretty difficult though, as my job usually doesn't allow me to do it, which I hate.**
> この前神戸に行って昔からの友達に会ったんだけど、それがすっごく楽しかったんだ、っていうのも話しててほんとに楽しくて、そしてそれをまた近いうちにやりたいんだ…そしてそれが結構難しくはあるんだけど、っていうのも仕事の方が許さなくてね、それが嫌なんだけど。

　「, which」は「そしてそれが」または「そしてそれを」という訳で覚えておきましょう。理由を表す because や as は、「っていうのも」「っていうのは」という意味です。

I recognize him

for sure,

but I can't remember

his name.

I'm so bad

at memorizing names.

▼ 訳

あの人の顔は確かに覚えているんだけど、名前が思い出せないや。
名前を覚えるのがとても苦手なんだよね。

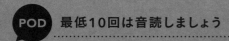

● 最初の**10**回(これだけでもOK)

1	2	3	4	5	6	7	8	9	10

● 勢いがついたらあと**10**回

11	12	13	14	15	16	17	18	19	20

● まだいけそうならプラス**10**回

21	22	23	24	25	26	27	28	29	30

● 最強になれるトータル**40**回

31	32	33	34	35	36	37	38	39	40

この音注意

I recognize him for sure, but I can't remember his name.

I'm so bad at memorizing names.

（17 語）

Useful Expressions

- **for sure** ──────── 確かに、確実に
- **remember** ──────── 思い出す、記憶している
- **be bad at ～** ──────── ～が苦手、～が下手

瞬発力 TIPS

「確かに、確実に」という意味の表現としては certainly などが思いつきがちかもしれませんが、for sure も日常会話において非常によく使われます。ひと息で素早く発話されることが多いので音読して身体で慣れておきましょう。

《remember と memorize》

「覚える」という訳で覚えてしまうと、この２つの動詞は使い分けがしにくくなるので、remember は「思い出す、（すでに）記憶している」、memorize は「（これから）覚える」という訳で頭に入れておくと無理なく使いこなすことができます。

be bad at 〜「〜が苦手、〜が下手」という意味です。もっと大げさに言いたい場合は、be horrible at 〜（おそろしく下手、苦手）、be hopeless at 〜（全く見込みがないレベルで下手、苦手）を使うこともできます。自分を下げて冗談めかして言うときにもこれらはよく使われます。

また名前を覚えるのが苦手、という場合は単に、I'm bad at names だけでも通用します。

Q クイズ音読　　　　　　　　　　　1 | 2 | 3 | 4 | 5

「あの子って天然だなあ」と微笑ましく相手を見るときの表現を学びましょう。

📖 英文を手で隠して練習しよう！

① 抜けてる・ほわんとしてる　➡ She's absent-minded

② さっぱりわかってない　　　➡ She's clueless

③ 何がどうなってるかわかってない

　　　　　　　　　　　　　　➡ She has no idea what's happening

┃興味＆検索だけで伸びていく！

2020年に世界中に広がった新型コロナウイルスは私たちの生活に大きな影響を与えています。ここではコロナ関連用語というか、緊急事態が起きた際に覚えておくべき表現をまとめましたので、余裕のある方はぜひチェックしてください。X（Twitter）などの social media も、英語で自分の興味にしたがって情報収集するだけで、主体的な学習が成立してしまうものです！

陽性	positive
陰性	negative
自己隔離	self-isolation
他人との接触回避	social distancing
渡航制限	travel restrictions
封鎖する	lock down
締め出す	lock out
中止	cancelled
延期	postponed
保留	suspended
水際対策	border control
大規模集会	mass gatherings
ワクチン不足	vaccine shortage
ワクチンの偽情報	misinformation about a vaccine
ワクチンへのアレルギー反応	allergic reaction to vaccines
ワクチンで予防可能な感染症	vaccine-preventable infection
ワクチンが効きにくい	have a weaker response to vaccination

I'm feeling down.

I don't know why.

I get depressed

for no reason

here and there.

▼ 訳

気が滅入ってる…なぜだかわからないけど。
時折、理由がなくても凹むんだよね。

POD 最低10回は音読しましょう

🔊 最初の**10**回(これだけでもOK) 🔊 勢いがついたらあと**10**回

| 1 | 2 | 3 | 4 | 5 | 6 | 7 | 8 | 9 | 10 | **11** | 12 | 13 | 14 | 15 | 16 | 17 | 18 | 19 | 20 |

🔊 まだいけそうならプラス**10**回 🔊 最強になれるトータル**40**回

| **21** | 22 | 23 | 24 | 25 | 26 | 27 | 28 | 29 | 30 | **31** | 32 | 33 | 34 | 35 | 36 | 37 | 38 | 39 | 40 |

この音注意

I'm feeling down. I don't know why.

I get depressed for no reason here and there.

(16 語)

Useful Expressions

- **feel down** ──────── 気が滅入る
- **I don't know why** ──── なぜかわからないけど
- **get depressed** ────── 気持ちがへこむ
- **for no reason** ────── 理由がないのに/なくても
- **here and there** ───── ところどころで、時々、時折

瞬発力 TIPS

《ネガティブな気持ちをスピーキングに活かす表現》

今回は特に日常のいわゆる「なにげない」会話で使用する表現がたくさん登場しました。

feel down と get depressed は同じような意味合いですが、depressed には「うつ状態である」という意味もあり、より深刻なイメージになりうる、と覚えておきましょう。

《呼吸するように無意識に使う表現》

また、I don't know why や for no reason は、日本語での、「なんだかわからないけど」のような、まるで呼吸をするように口に出して

いる表現の典型です。

このような、「内容があるかないかわからないようで、会話のリズムや情緒を実は作り上げている」タイプの表現を知り、使えるようになるとネイティブスピーカーとも会話のリズムや呼吸が合わせやすくなります！

《場所のイメージで話してみる》
here and there は場所を表す「ところどころで」が転じて、「時々、時折」の意味でもよく使われます。
生活のなかでの「そこここで」のイメージです。

Q クイズ音読

<table>
<tr><td>1</td><td>2</td><td>3</td><td>4</td><td>5</td></tr>
</table>

コミュニケーションが苦手な人を「コミュ障」と表現することがありますが、「コミュ障」周辺のキーワードをここでチェックしましょう。

 英文を手で隠して練習しよう！

① コミュ障　　　　➡ socially awkward

② 発言おかしい　　➡ He never knows what to say

③ ずっと話してる　➡ one-sided conversationalist

④ 鈍感　　　　　　➡ He just doesn't get it

⑤ 社会性ゼロ　　　➡ have no social skills

⑥ 孤独好き　　　　➡ loner

⑦ 話が通じない　　➡ He misunderstands everything I say

▌暴力を英語で防ぐ

　私は大学に入っても本格的に英語を学ぶ環境が手に入らないことに、がっかりしていました。高校時代と同じく柔道部に入部し、稽古に打ち込むことで、そうした気を紛らわせていました。ところが、その柔道が後に私と英語をつないでくれることになったのです。私は自分で学費を稼ぐ必要があったため、高給のアルバイトをいつも探していました。すると、外国人向けナイトクラブでバウンサー(セキュリティ担当の用心棒)の仕事があることを知りました。面接を受けに行ったら柔道選手であることが買われて即採用に。これが私にとって転機となったのです。

　ナイトクラブでは外国人のお客さんがお酒を飲むため、ネイティブ、ノンネイティブを問わず、多国籍のさまざまなタイプの英語が容赦なく飛び交っていました。特に週末はケンカなんて当たり前のように発生します。激怒しているときにゆっくりとわかりやすく英語を話してくれる人なんて誰一人いません。だからここではリスニングの大切さを嫌というほど味わうことになりました。バウンサーを続けながら、少しずつお客さんが何を言っているのかが分かるようになると、関係詞の使い方やitで始まる文、無生物を主語にした文など日本語からは発想が不可能な「英語らしい」フレーズが気になってきたのです。するとどんどん学習意欲が高まり、英字新聞や『TIME』『Newsweek』などを毎日読むようになり、それまでは触れてもすぐに体の外に出ていった英語が、だんだん耳や目にしっかりと留まるようになってくれたのです。日に日に英語が身についていく感覚にワクワクしました。英語が話せることで殴り合いのケンカを未然に防げることも増え、最終的にはセキュリティの統括も任され、昇給もありました。だから私は就活せず卒業後もバウンサーの仕事を継続し、さらに不動産会社での外国人留学生対応や翻訳などのアルバイトもかけ持ちして、英語力にさらに磨きをかけていったのです。

肩がこる人

あの人はちゃんとしているけど

He definitely knows
what he's doing at work,
but he takes his life too seriously,
I suppose.

▼訳

あの人は仕事ではすごくちゃんとしてるんだけど、ちょっと生真面目す
ぎるんだよね。

POD 最低10回は音読しましょう

● 最初の**10**回(これだけでもOK)

| 1 | 2 | 3 | 4 | 5 | 6 | 7 | 8 | 9 | 10 |

● 勢いがついたらあと**10**回

| 11 | 12 | 13 | 14 | 15 | 16 | 17 | 18 | 19 | 20 |

● まだいけそうならプラス**10**回

| 21 | 22 | 23 | 24 | 25 | 26 | 27 | 28 | 29 | 30 |

● 最強になれるトータル**40**回

| 31 | 32 | 33 | 34 | 35 | 36 | 37 | 38 | 39 | 40 |

この**音**注意

He definitely knows what he's doing at work, but he takes his life too seriously, I suppose.

(17 語)

Useful Expressions

■ **what he's doing** —— 彼がやっていること
は意味のカタマリとして一語のようにひと息で。

■ **definitely** —— 間違いなく、絶対に
■ **take ～ seriously** —— ～を真剣にとらえる
■ **I suppose** —— (明確な根拠はないけれど)～と思う

瞬発力TIPS

《難訳語 "ちゃんとしている"》
know what ～ is doing で「～は(仕事や義務などを)きちんとやっている」という意味になります。よく映画などでは、**Don't worry! I know what I'm doing!**(心配しないで!ちゃんとやってるから!)のように使われます。また、例えば詐欺師やナンパ師が、いかにもスムーズに相手と会話しているさまを見て、**He knows what he's doing**、と言えば「本当にああいうことに慣れているのね!」という感じで侮蔑を表すこともできます。イメージはとにかく「自分の(やっている)仕事を分かっている」という感じです。

91

一緒にいてラクな人

疲れない

◀)) Track | **027**

He's very attentive,

and is easy to be around.

▼訳

あの人はとてもやさしくて、一緒にいて疲れないんだよね。

POD 最低10回は音読しましょう

🗣 最初の**10**回（これだけでもOK）

1	2	3	4	5	6	7	8	9	10

🗣 勢いがついたらあと**10**回

11	12	13	14	15	16	17	18	19	20

🗣 まだいけそうならプラス**10**回

21	22	23	24	25	26	27	28	29	30

🗣 最強になれるトータル**40**回

31	32	33	34	35	36	37	38	39	40

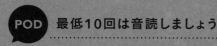

この音注意

He's very attenti**ve**, an**d** is easy to be aroun**d**.

(9語)

Useful Expressions

- **attentive** ——— やさしい
- **easy to be around** ——— 一緒にいて楽な

瞬発力TIPS

「やさしい」という日本語は時に非常に英語にしにくいものです。nice（いい人で）やkind（親切な）というカテゴリーからはみ出してしまう「やさしい」に対しては、attentive（気遣いがある、思いやりがある、話を聞いてくれる）という単語があります。

例えば女の子が彼氏のことを話すときに、「彼、とってもやさしいの」と言うのであれば、He's very attentive は定番のようによく使われます。attention（注意）という単語と関連があり「よく気がつく、かいがいしい」といった日本語までカバーできます。

easy to be around は「一緒にいて楽だ/疲れない」というニュアンスになります。簡単な単語の組み合わせですが、「よく使い、言えそうなのに意外に言えない！」表現の典型なので、音読して身体に発想とともに練り込みましょう！

「疲れない」と聞いて tired などが思い出されるかもしれませんが、直訳を離れて現実における「意図と行動」自体をとらえていきましょう！

老害をディスる！

何言ってもムダだ〜

🔊 Track | **028**

Whatever I say

just falls on deaf ears.

He's so stubborn

and thick-headed.

▼訳

あの人、何言っても一切聞く耳持たないな。
一体どれだけ頑固で頭が鈍いんだよ。

🔊 最初の**10**回（これだけでもOK）

1	2	3	4	5	6	7	8	9	10

🔊 勢いがついたらあと**10**回

11	12	13	14	15	16	17	18	19	20

🔊 まだいけそうならプラス**10**回

21	22	23	24	25	26	27	28	29	30

🔊 最強になれるトータル**40**回

31	32	33	34	35	36	37	38	39	40

この音注意

Whatever I say just falls on deaf ears.

He's so stubborn and thick-headed.

(13 語)

Useful Expressions

■ **whatever I say** ———— 私が言うことは何でも（何を言おうが）
は意味のカタマリとして一語のようにひと息で。

··

■ 無生物主語 **〜 fall(s) on deaf ears** ———— 全く話を聞かない

瞬発力TIPS

〜 falls on deaf ears は、無生物主語が使われる非常に英語的な表現です。なので直訳すると、「〜が聞こえない耳に着地する」となり、不自然な日本語になります。

この表現が使えると、「聞く耳を持たない」「馬の耳に念仏」「馬耳東風」などのさまざまな日本語の表現に対応することが可能となります。whatever I say と組み合わせることでさらに使い回しやすくなるので音読して身体で覚えてください。

終わりよければ
すべてよし

色々あったけど、なんとか…

◀» Track | **029**

We went through a lot,

but everything fell into place.

What a relief!

▼ 訳

色々あったけど、何とかうまく収まったな（終わりよければすべてよし）。
ほっとした。

この**音**注意

We went through a lot, but everything fell into place. What a relief!

(13 語)

Useful Expressions

- **go through a lot** ── （たくさん）苦労する
- **everything fall into place** ── すべてがうまく（丸く）収まる
- **relief** ── 安心、救済（ほっとすること）

瞬発力 TIPS

go through は「経験する」という意味で習ったかもしれませんが、実際の会話で go through a lot は「苦労する」と訳す方がわかりやすいかもしれません。「いやぁ、昔はいろいろあってねぇ…(I went through a lot...)」のように過去を振り返るときに非常によく使われます。お年寄りや人生の先輩たちの昔話を聞くときによく登場する表現でもあります。そのときは、I went through a lot...back in the days...（いろいろあったよ…あのころはねぇ…）のような感じになります。

fall into place には「(物が)正しい場所に収まる」という意味があり、転じて「(物事が)落ち着くべき所に落ち着く、うまく収まる、うまくいく」となります。仕事や恋愛など、色々予想外のことが起こって苦労した後に、Well, I'm happy (that) everything fell into place と言えば、「(色々あったけど)万事うまくいったわね（色々丸く収まってよかった）」のような意味になります。

They say

I should put it behind me,

and just keep it superficial.

But I guess

I need to face it.

I appreciate it though.

▼ 訳
そんなことは水に流して、深く関わらない方がいいって言われたけど、
現実は直視しないと…そう言ってくれるのは嬉しいけれど。

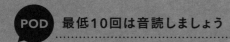

POD 最低10回は音読しましょう

🔊 最初の**10回**（これだけでもOK）

| 1 | 2 | 3 | 4 | 5 | 6 | 7 | 8 | 9 | 10 |

🔊 勢いがついたらあと**10回**

| 11 | 12 | 13 | 14 | 15 | 16 | 17 | 18 | 19 | 20 |

🔊 まだいけそうならプラス**10回**

| 21 | 22 | 23 | 24 | 25 | 26 | 27 | 28 | 29 | 30 |

🔊 最強になれるトータル**40回**

| 31 | 32 | 33 | 34 | 35 | 36 | 37 | 38 | 39 | 40 |

この**音**注意

They say I should put it behind me, and just keep it superficial.

But I guess I need to face it. I appreciate it though.

（25 語）

Useful Expressions

- **They say 〜** ──────── 〜と言われている
- **put 〜 behind me** ──────── 〜を水に流す、〜をなかったことにする
- **keep it superficial** ──────── 深入りしない
- **I guess 〜** ──────── 〜だろう
- **face** ──────── 〜を直視する
- **I appreciate 〜** ──────── 〜をありがたく思う
- **〜 though** ──────── 〜だけどね、〜ではあるけれど

瞬発力 TIPS

《受動態はできる限り避ける！》

日本語では「〜と言われている」という受け身の表現が多いですが、これを毎回直訳して《be + 過去分詞》の受動態で表すと相手には伝わりにくく、そして文体もくどいものになってしまいます（受動態はできるだけ避けるべきで、先頭に来る主語を強調する時だけの手段、と考えるくらいでちょうどいいです）。そこで、思い切って「言われた/言われる」を They said/say と言い換えてしまいましょう！途端にすっきりとした英語らしさが生ま

れ、格段に話しやすくなります！

《難訳語 "深入りはしない"》
「深入りしない」は deep などが思いつきがちですが、非常に英語化しにくいです。keep it superficial（表面的なままにしておく）とすれば「意図と行動」自体をとらえ、内容をダイレクトに伝えることが可能です。

《Though の実践用法！》
文末につける、〜 though は日本語での「〜ではあるのだけど」と全く同じ感覚で使用できます。文の最後に内容を否定的に「落とす」感じです。便利で、また非常によく使われる（映画やドラマでも数えきれないくらい出てきます）ので覚えておきましょう。

Q クイズ音読　　　　　　　| 1 | 2 | 3 | 4 | 5 |

「ピシャリと返す」表現をここで紹介します。

📖 英文を手で隠して練習しよう！

① 言えた義理か！　　　➡ Look who's talking.
② 一言多いんだ　　　　➡ One word too many.
③ どの口が言ってる!?　➡ You'd better listen to yourself.
④ それはこっちのセリフ ➡ That's my line.
⑤ 全くだぜ　　　　　　➡ I'm telling you.
⑥ お断りだ　　　　　　➡ Nothing doing.
⑦ 言葉に気をつけろ　　➡ Watch your mouth.

英語の音のカンニング！
まずは「〜t」だけ発音しない！

　英語の聞き取りが難しいと感じたら、音読する際、本書の「この音注意！」コーナーにある省略すべき音のなかでもまずは単語の最後の「〜t」だけは、口の形を作るだけで声には出さないことを徹底してください。これだけでいいんです。

　その理由は、音のリダクションがあるのは〜tのパターンが圧倒的に多いからです。これに慣れてきたら、「これがどうも聞き取れないなぁ」というときにスクリプトを確認して［p］［k］［b］［d］［g］の音も、「ああなるほど、〜tと同じように消滅しているんだな」と確認していけばよいのです。このことに気づける素地を作るためにも、もっとも頻度が高く、実用性の高い「〜t」を徹底的に練習しましょう！　試しに、以下の語句（実際に、圧倒的な頻度で使われるフレーズです）で、全てのTをしっかりと発音して速く読んでみてください。

　AT THAT TIME / AT LEAST

　アットゥ・ザットゥ・ターイマッ、アットゥ・リーsトゥ

　このようになりますね。すごくしんどいですよね？　「〜t」をすべてしっかり発音するととても疲れるし、読みにくく、スピードは頭打ちになります。今まではこのように、言わなくていい音を全て言いながら、急いで話す練習をしていたわけです。疲れるし、聞き取れないのも無理はありません。では、最後の「〜t」を落としてやってみましょう。「アダッターィm」「アッ｜イーs」のようになりますね。言い換えれば、これまでの練習ではずっと存在しない音を発音し、聞き取ろうとしていたわけです。これでリスニングも驚くほど楽にできるようになります。聞き取れれば、話したいというモチベーションは自然に上がってきます。

It just happened

that way.

I don't know

why.

▼訳

そんな風になっちゃったんだよね。
何でかわからないんだけど。

この音注意

It just happened that way.

I don't know why.

(9語)

Useful Expressions

- **just** ──────── （理由は分からないけど）とにかく
- **that way** ──────── そんな風に
- **I don't know why** ──────── なぜかわからないけど

瞬発力 TIPS

It just happened that way はこの文ごと音読で覚えてしまうのがベストです。音声表記を見るとわかりますが、この短い一文だけで、tとdの脱落が合わせて4つもあり、覚えるとリスニング力も伸ばすことが可能です。会話の中で、理由がうまく説明できないとき、何かが不可抗力で起こってしまった時に、この表現をネイティブスピーカーは反射的に口に出しつつ、次に何を言うかを考えているものです。

I don't know why は日本語での、「なんだかわからないけど」のような、まるで呼吸をするように反射的に口に出している表現です。

このような、「内容があるかないかわからないようで、会話のリズムや情緒を実は表現している」タイプの表現を見つけてはコレクションしましょう！これらが使えるとネイティブスピーカーとも会話のリズムや呼吸が合わせやすくなります！

まあしょうがないな…

It is what it is ...

We have no choice,

and there's nothing

we can do.

Life's like that.

Accept it,

and live with it.

▼訳 ....

まあしょうがないな…他に選択肢もないし、そしてできることもない。
人生そんなもんだし。あきらめて、そうやって生きるしかない。

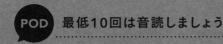

POD 最低10回は音読しましょう

● 最初の**10**回(これだけでもOK)

| 1 | 2 | 3 | 4 | 5 | 6 | 7 | 8 | 9 | 10 |

● 勢いがついたらあと**10**回

| 11 | 12 | 13 | 14 | 15 | 16 | 17 | 18 | 19 | 20 |

● まだいけそうならプラス**10**回

| 21 | 22 | 23 | 24 | 25 | 26 | 27 | 28 | 29 | 30 |

● 最強になれるトータル**40**回

| 31 | 32 | 33 | 34 | 35 | 36 | 37 | 38 | 39 | 40 |

この音注意

It is what it is... We have no choice, and there's
nothing we can do.
Life's like that. Accept it, and live with it.

(24 語)

Useful Expressions

■ **what it is** —— あるがまま(の姿)、そのまま(の姿)、そのようなもの
は意味のカタマリとして一語のようにひと息で。

■ **Life's like that** —— 人生はそんなもの
■ **accept it** —— 受け入れる(あきらめる)
■ **live with it** —— それと共に生きる(あきらめて共存する)

瞬発力TIPS

《難訳表現"そんなもんでしょ"》
It is what it isは、直訳すれば「それはそのようなもの(あるがまま)で
しかない」となり、転じて、「変えようのない現実」を表します。さ
らに転じて、「まあしょうがない」や「人生そんなものだ」という意
味で使うことができます。これは実は定型表現として日常会話で頻
出するので、出くわしたときにすぐに意味がとれるようにしておく
とよいでしょう。また、**Life's like that**は、直訳すると、「人生はそん
なもの」となるので直訳のまま使用することが可能です。

You don't need to do that...

It means a lot to me.

I appreciate it so much.

▼訳

そんなことしなくても…。
大切にします。
本当にありがとう。

POD 最低10回は音読しましょう

🔊 最初の**10**回（これだけでもOK）　　　　🔊 勢いがついたらあと**10**回

1	2	3	4	5	6	7	8	9	10	11	12	13	14	15	16	17	18	19	20

🔊 まだいけそうならプラス**10**回　　　　　🔊 最強になれるトータル**40**回

21	22	23	24	25	26	27	28	29	30	31	32	33	34	35	36	37	38	39	40

この**音**注意

You don't need to do that...

It means a lot to me.

I appreciate it so much.

（17 語）

Useful Expressions

- **don't need to 〜** ── 〜しなくてもいい
- **It means a lot** ── 意義深い、意味が大きい
- **appreciate** ── ありがたく思う

瞬発力 TIPS

日本語では誰かからプレゼントを受け取るときに、遠慮を伝える言葉として、「頂いてもいいんですか？」や「申し訳ないです…」のような言い方をします。英語でももちろん同じ気持ちや感情は存在します。しかしながら、その意図を表す言葉の発想はかなり違っています。**You don't need to do that**は直訳すると、「それをしなくてもいいのに」のようになります。これは「言う状況も多ければ、言えそうな気もするのに実は言いにくい」英語表現の典型ですね。

「大切にします、大事にします」も直訳ではぎこちなくなりがちで、言いにくいものです。ここは思い切って、**It means a lot to me**（直訳：それは私にとって意味が大きい）とします。

Unit 34 ついてない一日

ぜんぜんうまくいかないな

🔊 Track | **034**

I wonder why

I'm so hopeless today.

I could be doing better.

▼訳

今日はぜんぜんうまくいかないなぁ。

本調子じゃないなぁ。

POD 最低10回は音読しましょう

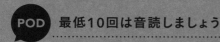

🔊 最初の**10**回(これだけでもOK)

1	2	3	4	5	6	7	8	9	10

🔊 勢いがついたらあと**10**回

11	12	13	14	15	16	17	18	19	20

🔊 まだいけそうならプラス**10**回

21	22	23	24	25	26	27	28	29	30

🔊 最強になれるトータル**40**回

31	32	33	34	35	36	37	38	39	40

この**音**注意

I wonder why I'm so hopeless today.

I coul**d** be doing better.

(12 語)

Useful Expressions

- **I wonder why 〜** ━━━━ どうして〜なのだろう？
- **hopeless** ━━━━ 絶望的な、能力が全くない、お手上げの
- **could be doing better** ━━━ もっとよくできるかもしれないのに

瞬発力 TIPS

《"独り言練習"の効果を最大限に！》

英語で独り言、という会話の練習法はかなりポピュラーになりつつあります。そしてこの I wonder が使えるとその練習は驚くほど効率的かつ効果的になります。

次ページの表と追加の例文を知っておくだけで、瞬間的に英語で「思っていること」を口に出せるようになっていきます。独り言の大半は、自分への問いかけという事実を上手に活用して、英語のセンテンスが口に出せるようにするわけです！

◆〜かなぁ：I wonder ...

"I wonder" + what 何かなぁ	when いつかなぁ
where どこかなぁ	which どちらかなぁ
why なぜかなぁ	if/whether 〜だろうか

☆ if には or/or not がつかない

☆ if の方が whether より砕け
た表現

①いろいろうまくいっているかな

I wonder if everything is going okay

②みんな大丈夫なのかなぁ

I wonder if everyone is okay

③なんでこうなっちゃうんだろう？

I wonder what I'm doing wrong

④買ったお菓子食べようかなぁ

I wonder if I should eat the sweets I bought.

⑤（留学・入社前などに）うまくとけ込めるかなぁ

I wonder if I can "blend in"

⑥うまく適応できるかなぁ

I wonder if I can "fit in"

▎英語学習は懐かしい歌のように

　私は通訳者になるために「自分自身を通訳する」というユニークな勉強法を実践していました。それは、自分と友達の日本語の会話を録音し、後から聴いて翻訳する、というものです。自分の感情や言いたいことに合致する英訳文を作っては音読し、心に練り込んでいきます。この方法は自分の感情を的確に表現できる英語が無理なく記憶に残るため、やっていても飽きることがありません。例えば、誰かが撮った風景の写真を見ても、脳の記憶には残りにくいです。ところが同じ風景でも自分がその場で撮った写真であれば、風景と思い出がリンクするので、心の記憶として刻まれます。語学学習も同じこと。言葉を自分と無関係の「情報」としてではなく、自分の心とリンクした「思い出」として記憶すれば、頭で考えなくても瞬時に言葉が出てくるようになるのです。懐かしい歌を聞くと、遠い昔の記憶が一瞬で思い出されるように。

まぁやってみるか！

とにかくやってみた方がよさそう

Nothing's planned yet,

but I guess

we should just wing it.

If we go with the flow,

we'll see

what we should do.

▼訳

何も決まっていないけど、とにかくやってみた方がよさそうだな。
流れに任せていれば、やるべきこともわかってくるから。

POD 最低10回は音読しましょう

🔊 最初の**10回**（これだけでもOK）

| 1 | 2 | 3 | 4 | 5 | 6 | 7 | 8 | 9 | 10 |

🔊 勢いがついたらあと**10回**

| 11 | 12 | 13 | 14 | 15 | 16 | 17 | 18 | 19 | 20 |

🔊 まだいけそうならプラス**10回**

| 21 | 22 | 23 | 24 | 25 | 26 | 27 | 28 | 29 | 30 |

🔊 最強になれるトータル**40回**

| 31 | 32 | 33 | 34 | 35 | 36 | 37 | 38 | 39 | 40 |

この音注意

Nothing's planned yet, but I guess we should just wing it.

If we go with the flow, we'll see what we should do.

（23語）

Useful Expressions

■ **what we should do** ──── やるべきことが見えてくる
は意味のカタマリとして一語のようにひと息で。

■ **wing it** ──── ぶっつけ本番でやる、即興でやる、いきなりやる
■ **go with the flow** ──── 流れに任せる

瞬発力 TIPS

「ぶっつけ本番でやる」というと、play it by ear という表現が有名ですが、カジュアルな会話では意外なほど wing it が使われます。一瞬で発話されるので自分で言えるようにして聞き逃さないようにしておきましょう。

go with the flow は日本語の、「流れで行く、流れに任せる」と発想が似ており、使いやすいといえます。wing it と go with the flow は言葉自体はずいぶん違いますが、意味している内容はほぼ同じですね。

You'll figure it out if you keep playing with it.

▼訳

（スマホなど）適当にいじってると（使い方が）分かってくるんだよね。

POD 最低10回は音読しましょう

● 最初の**10**回（これだけでもOK）　　　　● 勢いがついたらあと**10**回

| 1 | 2 | 3 | 4 | 5 | 6 | 7 | 8 | 9 | 10 | 11 | 12 | 13 | 14 | 15 | 16 | 17 | 18 | 19 | 20 |

● まだいけそうならプラス**10**回　　　　　● 最強になれるトータル**40**回

| 21 | 22 | 23 | 24 | 25 | 26 | 27 | 28 | 29 | 30 | 31 | 32 | 33 | 34 | 35 | 36 | 37 | 38 | 39 | 40 |

この**音**注意

You'll figure it out if you keep playing with it.

（10語）

Useful Expressions

- **figure out** ……………… 解き明かす、理解する、把握する
- **play with ～** ……………… ～をいじくりまわす、もてあそぶ

瞬発力 TIPS

《発想を変えて"試行錯誤"》

スマホなどの説明書を読んだり、店員さんから説明を聞いたりするのが面倒なときに、figure out という表現の出番です。

figure out には、「推測や試行錯誤の結果、物事の理解に至る」というニュアンスがあります。

I'll figure it out と言えば、「はいはいもういいよ！自分で何とかするから！」のようなニュアンスとなります。面倒くさがり屋の人には特に必須の表現とも言えます。

play with ～ には「～をいじる、もてあそぶ」といった意味があり、ここでは、「（スマホなどの機械を）いじりながらいろいろ試して使い方を理解する」というニュアンスになります。

play の意外な意味ですが、日常の会話で非常によく登場します。

It's tough,

and it's very unfair at times,

but what you do

doesn't go unrecognized...

▼ 訳

しんどいし、理不尽なこともあるけど、見てる人は見てくれているよ。

POD 最低10回は音読しましょう

最初の**10**回 (これだけでもOK)

1	2	3	4	5	6	7	8	9	10

勢いがついたらあと**10**回

11	12	13	14	15	16	17	18	19	20

まだいけそうならプラス**10**回

21	22	23	24	25	26	27	28	29	30

最強になれるトータル**40**回

31	32	33	34	35	36	37	38	39	40

この音注意

It's tough, and it's very unfair at times, but what you do doesn't go unrecognized...

（15 語）

Useful Expressions

- **what you do** ── あなたがすること（していること）
  は意味のカタマリとして一語のようにひと息で。

- **unfair** ── 不公平な、不当な、ずるい、偏った
- **at times** ── 時々、折々、時たま、時には
- **go unrecognized** ── 正当に評価されない、認識されずに終わる、日の目を見ずに終わる

瞬発力TIPS

英語を話していると、ネイティブスピーカーはfair/unfairという言葉を意外なほど多く使います。例えばFair enough! という表現は直訳すると、「十分に公平だよ」となりますが、あまりピンとこない感じがします。実はその意味するところは「いいんじゃない」くらいのニュアンスです。「OK」くらいの提案に対する解答なんですね。

また、unfair と not fair の2つは基本的には同じ意味ですが、That's unfair. よりも That's not fair. の方が、「フェアじゃない」という事実をもう少し強調しています。なので「不公平だ」よりも「それはひどいよ」や「それはずるいよ」というニュアンスになります。

I'm what I am,

and I simply bring

what I can carry.

▼訳

私は私らしく等身大の自分で生きる。

POD 最低10回は音読しましょう

● 最初の**10回**（これだけでもOK）　　　　● 勢いがついたらあと**10回**

| 1 | 2 | 3 | 4 | 5 | 6 | 7 | 8 | 9 | 10 | 11 | 12 | 13 | 14 | 15 | 16 | 17 | 18 | 19 | 20 |

● まだいけそうならプラス**10回**　　　　● 最強になれるトータル**40回**

| 21 | 22 | 23 | 24 | 25 | 26 | 27 | 28 | 29 | 30 | 31 | 32 | 33 | 34 | 35 | 36 | 37 | 38 | 39 | 40 |

この音注意

I'm what I am, and I simply bring what I can carry.

（12語）

Useful Expressions

- **what I am** ———————— 私という人間、私が何者であるか
- **what I can carry** ———— 自分が運べる（だけ）のもの
  は意味のカタマリとして一語のようにひと息で。

- **bring** ———————————— 持っていく

瞬発力TIPS

「私は私らしく生きる」「自分らしく」などに関連する英語表現には、Be myself, live and let live（自分は自分、人は人）、Agree to disagree（互いに意見が違っていい）、It's just the way I am（私ってこうなんだよね）、のように色々な言い方があります。ただ意外に思いつきにくく、またよく使われる表現が、I'm what I am（私は私でしかない / 私は私らしくいる）というものです。It is what it is（世の中とはそんなもの / それはあるがままのものでしかない）と発想は全く同じですね。

「私は（他人と違っていようが）自分らしくあればいいんです」と言いたいときに使える表現です。

119

このままで いいわけがない！

こういうのもう嫌

I had enough,

and I hate it.

I mean,

I can't go on

like this forever.

▼訳

こういうの本当にもう嫌なんだよな。
ってか、このままではほんとにダメだ。

POD 最低10回は音読しましょう

● 最初の**10回**(これだけでもOK)　　　　　　● 勢いがついたらあと**10回**

1	2	3	4	5	6	7	8	9	10	11	12	13	14	15	16	17	18	19	20

● まだいけそうならプラス**10回**　　　　　　　● 最強になれるトータル**40回**

21	22	23	24	25	26	27	28	29	30	31	32	33	34	35	36	37	38	39	40

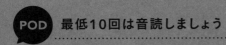

この**音**注意

I had enough, and I hate it.

I mean, I can't go on like this forever.

（16 語）

Useful Expressions

■ **have enough** ──── （もう）十分だ、こりごりだ、限界だ
■ **I hate it** ──── 嫌だ、困る、最悪だ
■ **I mean** ──── というか
■ **go on like this** ──── こんな風に生きていく

瞬発力 TIPS

I had enough といえば、「十分に食べる、満喫する」という意味の他に、「もうたくさんだ、こりごりだ」という意味で使われることが実は多いです。例えばドラマや映画で、「あの人との生活はもう嫌だ」「こんな人生はもうこりごりだ」という状況ではほぼ100％登場する表現です。

I hate it のポイントは、it が使用され、感情とともに吐き捨てるように話されるということです。このような場合の it はそれが主語であっても目的語であっても「it = 置かれた状況」という訳で覚えておくと非常に使いやすくなります。日本語では「ひどい！」「最悪だ！」のように言う時と同じですね。ただ、英語では it（自分が置かれた状況）が嫌だ、となるわけです。

めんどくさい人たち

......

あの人めんどくさいんだよな

Her imagination

always goes wild,

and it gives me

a bad headache...

▼訳 ......

あの人、思い込みが激しくてめんどくさいんだよなぁ…

この**音**注意

Her imagination always goes wild, and it gives me a bad headache...

(12 語)

Useful Expressions

- 無生物主語 **go wild** ―――――― 熱狂する、大騒ぎする、暴れる
- 無生物主語 **give ～ a (bad) headache** ―――――― ～を困らせる

瞬発力 TIPS

「思い込みが激しい」という日本語は、いざ英語にしようとすると結構大変だったりします。

ここでは英語的な発想を使って現実での「意図と行動」をとらえ、Her imagination always goes wild（彼女の想像力はいつも暴れる）と訳してあります。

思い込みが激しい、妄想が止まらない、想像力が膨らみすぎ、杞憂

⇒ Her imagination is going wild

話聞かなすぎ、一方的に話しすぎ

⇒ She's a poor listener

それは論理の飛躍

⇒ That's a leap of logic

結論を急ぐな

⇒ Don't jump to conclusions

結論を急ぎすぎるな

ゴタクはもういりません

行動で証明しよう

🔊 Track | **041**

I'm not so much

concerned with

"what you say"

as with "what you do."

▼訳

"語ること" より、"行動" だよね。

POD 最低10回は音読しましょう

🗣 最初の**10**回（これだけでもOK）

1	2	3	4	5	6	7	8	9	10

🗣 勢いがついたらあと**10**回

11	12	13	14	15	16	17	18	19	20

🗣 まだいけそうならプラス**10**回

21	22	23	24	25	26	27	28	29	30

🗣 最強になれるトータル**40**回

31	32	33	34	35	36	37	38	39	40

この**音**注意

I'm not so much concerned with "what you say" as with "what you do."

（14 語）

Useful Expressions

- **what you say** ────── あなたが言うこと（＝あなたの言葉）
- **what you do** ────── あなたがすること（＝あなたの行動）

は意味のカタマリとして一語のようにひと息で。

- **not so much A as B** B ほど A でない、A というよりむしろ B
- **be concerned with 〜** ── 〜を気にする

瞬発力 TIPS

be concerned with 〜 は「気にする」という程度の意味。
I don't care はちょっときつめのニュアンスになるときに便利な表現です。日常生活、ビジネスなど使いどころは意外と多いので、音読してすぐに言えるようにしておきましょう。今回の例文では、not so much A as B という少し複雑な構文が用いられていますが、この A と B の部分にそれぞれ、what you say と what you do が一語のように当てはめられることを意識しましょう。

やらかしても次がある！

やらかしちゃったけど…

🔊 Track | **042**

I blew it,

and it's time

to turn a negative

into a positive.

It's just another story

to tell.

▼訳

やらかしちゃったけど、いい方向に活かしていこう。
新たな話のネタ（武勇伝）が増えた。

この音注意

I blew it, and it's time to turn a negative into a positive.

It's just another story to tell.

（19語）

Useful Expressions

- **blow it** ——— 〈米俗〉やらかす、しくじる、失態を演じる
- **turn A into B** ——— AをBに変える（転化する）
- **story to tell** ——— 語るべき物語

瞬発力TIPS

日本語での「やらかす」とほぼ同じニュアンスを持つ表現が **blow it** です。「やらかしちゃった」のような感じで **I blew it** と過去形で非常によく使われます。感情とともに吐き出すタイプの表現で、ひと息で発話されるため、音読して自分で言えると聴き取りも楽にできます。

左記の日本語訳では「いい方向に活かして」となっていますが、これに対応する英語表現が **turn a negative into a positive**（ネガティブなことをポジティブなことに転化する）になります。活かす、という日本語表現を直訳するのは無理がありますが、この言い方であれば、現実における「意図と行動」を瞬間的に伝えられます。

悔いなく生きたい

やってよかったと思えるように

🔊 Track | **043**

I hope

I'll be glad I did it

and be proud of

what I learned today.

▼訳

やってよかったと思えて、今日の学びに自信が持てるようになるといい
な。

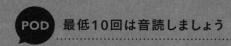

この音注意

I hope I'll be glad I did it and be proud of what I learned today.

（16語）

Useful Expressions

■ **what I learned** ──────── 私が学んだこと
は意味のカタマリとして一語のようにひと息で。

■ **be glad (that) 〜** ──────── 〜してよかった
■ **be proud of 〜** ──────── 〜を誇りに思う

瞬発力TIPS

やってよかった、という日本語を使うことは多いですよね。英語で言うと、I'm glad I did itで、「それをやってよかった」という意味になります。未来のwillを使って、You'll be glad you did itとすれば、「やってよかったと思えるよ」というアドバイスにもなります。
また、be proud of 〜 は「〜を誇りに思う」という意味ですが、関係詞句のwhat I learned（学んだこと＝学び）と組み合わせることによって、「学びに自信を持つ」という日本語に対応させることができます。また応用として、例えば「自分をほめてあげたい」という場合には、I'm proud of myself（自分自身を誇りに思う）、またはI'm proud of what I did（自分のやったことを誇りに思う）のように簡単に表現できます。

あくまで自分らしく

すごい人生じゃなくても…

I don't need

much of a life.

It has to be mine.

▼訳

すごい人生じゃなくていい、自分らしい生き方であれば。

この**音**注意

I don't need much of a life.

It has to be mine.

(12語)

Useful Expressions

■ **much of 〜** ──────── 大した〜、大それた〜

瞬発力 TIPS

《意外に言えない much の意味》
much of 〜 には、「〜の大部分 /〜の大半」という意味がありますが、それだけではありません。
左記の英文では、「大した〜」「大それた〜」という意味で使われているので覚えておきましょう。
「すごい人生」という日本語を直訳して、a great life とするよりもここでは、much of a life というパターンを使えるようにしておきましょう。そうすることで、話し相手が同じ発想で話してきても、直訳の発想にとらわれることなく理解することが可能になります。

it has to be mine の it は「人生」、mine は「私のもの」という意味なので、「人生は自分の者でなければならない」となり、転じて「自分らしい生き方であれば」という日本語にも柔軟に使い回して対応できることが分かると思います。

I often feel

words can only do

so much.

▼訳 ....

言葉だけでのコミュニケーションには限界があるとよく思うんだ。

POD 最低10回は音読しましょう

● 最初の**10**回 (これだけでもOK)

| 1 | 2 | 3 | 4 | 5 | 6 | 7 | 8 | 9 | 10 |

● 勢いがついたらあと**10**回

| 11 | 12 | 13 | 14 | 15 | 16 | 17 | 18 | 19 | 20 |

● まだいけそうならプラス**10**回

| 21 | 22 | 23 | 24 | 25 | 26 | 27 | 28 | 29 | 30 |

● 最強になれるトータル**40**回

| 31 | 32 | 33 | 34 | 35 | 36 | 37 | 38 | 39 | 40 |

この**音**注意

I often feel words can only do so much.

(9 語)

Useful Expressions

- **feel** ———————— (何となく、感覚的に) 思う
- **only do so much** ———— 限られている、限界がある

瞬発力 TIPS

この本を手にとってくださった皆さんは、英語という言語をマスターすべく努力されているかと思いますが、このような言葉の限界についてあえて英語で語ってみるのも面白いと思います。

〜 can only do so much と言えば、「〜にできることは限られている」「〜ができることなんてたかが知れている」という意味になります。今回は無生物主語である words を使っているので、直訳すると「言葉にできることは限られている」となり、転じて「言葉だけでのコミュニケーションには限界がある」という日本語にも楽々と応用できることになります。

理不尽な
タテ社会にモノ申す！

それは違うと思うんだ

Just because

you went through a lot

to get something

doesn't mean you should let others

go through the same.

▼訳

自分が苦労して成功したからといって、他の人を同じ目に合わせるべき
だ、というのは違う。

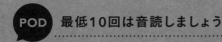

この音注意

Just because you went through a lot to get something doesn't mean you should let others go through the same.

（20語）

Useful Expressions

- **Just because 〜 doesn't mean ...** ——— 〜だからと言って… というわけではない
- **get something** ——— 何か意味のある（価値のある）ものを得る
- **go through 〜** ——— 〜を経験する
- **let** ——— させる
- **the same** ——— 同じこと

瞬発力TIPS

この例文は、理不尽な上下関係やブラック企業などでの現実を告発するような内容となっています。ここでのget somethingのsomethingは会話においては単に「何か」という意味ではなく、「すごい物事、価値のある物事」といった意味で使われることも多いことを知っておきましょう。ゆえに、get something（すごい価値あることを得る）は転じて、「成功する」という日本語までカバーすることが可能になります。

負けグセは必要ない！

本気でやらないと…

If you don't work hard,

that's what

you're training yourself

not to do.

▼訳

本気でやらないと、そういう癖（負けぐせ）がついてしまうよ。

この**音**注意

If you don't work hard, that's what you're training
yourself not to do.

（13語）

Useful Expressions

■ **what you're training yourself to do** ——— あなたが自分自身
に訓練をさせてしないようにしていること（自分でやらないようにしてい
ること）
は意味のカタマリとして一語のようにひと息で。

瞬発力TIPS

「負けぐせがつく」という日本語は、スポーツ、ビジネスなど様々な
勝負の世界で頻繁に使われていますが、英語にするとなるとなかな
か難しいかもしれません。文の前半の、**If you don't work hard**「真剣
にやらないなら」の次に、**that's what you're training yourself not
to do**「君はそのようなことをしない練習をしているんだよ」すなわ
ち具体的には「"真剣にやらないこと"の練習をしている」となり、
「負けぐせ」という概念も簡単にカバーできます。もちろん、前半を
If you do work hard「真剣にやるなら」にすれば、後半の訳（意味/意
図）は自動的に「"真剣にやること"の練習（勝つための練習）をしてい
る」と変化します。このようにして、関係詞の仕様に慣れると、文
脈を利用できるので、語いや直訳に頼り過ぎずに、ナチュラルな英
語を話せるようになっていきます。

I've heard of it,

and I saw it coming.

So,

it doesn't surprise me much.

▼訳

その話聞いてたけど、やっぱりそうなったんだね。
まあそんなものだろうと思ってたけど。

この音注意

I've heard of it, and I saw it coming.

So, it doesn't surprise me much.

(15語)

Useful Expressions

- **have heard of 〜** ── 〜を聞いたことがある
- **see it coming** ── そうなると思っている(予見できている)
- 無生物主語 **〜 doesn't surprise me** ── 〜は驚くに値しない

瞬発力 TIPS

「聞いたことがある」はI've heard of it、「聞いたことがない」はI've never heard of itと反射的に言えるようにしておくだけで会話のリズムができて話がはずみます。

また「そうなると思っていた」は直訳的に、I thought it would happenのような英文が思いつくかもしれませんが、ここでI saw it comingとシンプルにスパッと言えるように音読しておきましょう。

「驚いた」というときに、be surprised at/by(byも現実にはよく使われます)のパターンが有名ですが、〜 doesn't surprise meという能動態(無生物主語)のパターンも言えるように音読しましょう。

If you always do
what you've always done,
you will always get
what you've always gotten.

▼訳

いつも通りにいつも通りのことをすれば、いつも通りに求める結果は手に入る。

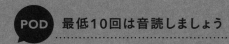

POD 最低10回は音読しましょう

🔵 最初の**10**回（これだけでもOK）

| 1 | 2 | 3 | 4 | 5 | 6 | 7 | 8 | 9 | 10 |

🔵 勢いがついたらあと**10**回

| 11 | 12 | 13 | 14 | 15 | 16 | 17 | 18 | 19 | 20 |

🔵 まだいけそうならプラス**10**回

| 21 | 22 | 23 | 24 | 25 | 26 | 27 | 28 | 29 | 30 |

🔵 最強になれるトータル**40**回

| 31 | 32 | 33 | 34 | 35 | 36 | 37 | 38 | 39 | 40 |

この音注意

If you always do what you've always done, you will always get what you've always gotten.

（16 語）

Useful Expressions

- **what you've always done** ⎯⎯⎯⎯ 常々やってきたこと
- **what you've always gotten** ⎯⎯⎯ いつも得てきたこと（いつも通りの結果）

  は意味のカタマリとして一語のようにひと息で。

瞬発力TIPS

この英文は、音読してみると体感できますが、リズムの良さが魅力です。そしてX(Twitter) などのSNSでも実はよく使われており、ネイティブの定番例文と言ってもいいと思います。

関係詞のWhatを含む、**what you've always done** と **what you've always gotten** をそれぞれひと息で言う練習をしてください。この長い言葉のカタマリがまるで1語の名詞のように感じられるはずです。日本語でも、「常々やってきたこと」「いつも通りの結果」のような1つの意味のカタマリを、あたかも1つの名詞のようにひと息で言うのと同じことですね。

関係詞を多用するほど、語いに頼らず、自然なリズムでリラックスして話せるようになっていきます。

You can't control everything in your life.

Stop sweating it.

▼訳 ·····
今どうにもならないことは、いちいちストレスを感じなくていい。

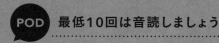

POD 最低10回は音読しましょう

🌑 最初の10回(これだけでもOK)

| 1 | 2 | 3 | 4 | 5 | 6 | 7 | 8 | 9 | 10 |

🌑 勢いがついたらあと10回

| 11 | 12 | 13 | 14 | 15 | 16 | 17 | 18 | 19 | 20 |

🌑 まだいけそうならプラス10回

| 21 | 22 | 23 | 24 | 25 | 26 | 27 | 28 | 29 | 30 |

🌑 最強になれるトータル40回

| 31 | 32 | 33 | 34 | 35 | 36 | 37 | 38 | 39 | 40 |

この音注意

You can't control everything in your life.

Stop sweating it.

（10語）

Useful Expressions

- **control** ── 思いのままにする
- **sweat** ── 心配する、やきもきする、心をすり減らす

瞬発力TIPS

control という単語を聞くと、機械の制御や、スポーツの動きなど、イメージされる内容は色々あると思います。そこで、「思い通りにする」という訳で覚えておくと、例文のように人生の理不尽や悲哀についても話すことが可能になります。

You can't control everything はこのように、「まぁ、そういうこともあるさ！（思い通りにならないこともあるよねぇ）」のような感じで（頑張ったのに結果が出なかった）相手を慰めたり、いさめたりするときにもよく使います。

worry about（心配する）、stress out over（〜にストレスを感じる）といった表現は有名ですが、sweat も知っておくとカジュアルな会話では使いどころが多くなります。もともとは、「汗をかく」という意味がありますが、転じて、「心配する、やきもきする、心をすり減らす」という意味で非常によく使われます。

143

空気を読んでよ！

言外の意味

Why don't you

pay attention to

what they aren't saying?

You should take a hint

sometimes.

▼ 訳

言外の意味を汲んだらどう？
空気を読んであげなよ。

この**音**注意

Why don't you pay attention to what they aren't saying? You should take a hint sometimes.

(16 語)

Useful Expressions

■ **what they aren't saying** ——— 彼らが言っていないこと、話していないこと
は意味のカタマリとして一語のようにひと息で。

■ **Why don't you 〜 ?** ——— 〜したらどう？
■ **pay attention to 〜** ——— 〜に注意を向ける
■ **take a hint** ——— 空気を読む、〔意図を〕悟る、〔気持ちを〕察する、言外の意味を読み取る、気を利かす

瞬発力 TIPS

pay attention to（〜に注意を向ける）と関係詞の **what they aren't saying**（彼らが言っていないこと）を組み合わせると、「語らないことに注意を向ける」となり、「空気を読む」という日本語にも対応できてしまいます。ちなみに、**Pay attention!** と強く言えば、日本語の「ボーッとするな！」と同じ意味で使うこともできます。

He'd better shut up,

and let others speak.

He always goes on and on

about the same thing!

▼訳

あいつのマシンガントークどうにかならないのか？
同じ話ばかり延々としやがって！

この**音**注意

He'**d** better shut u**p**, an**d** let others spea**k**.

He always goes on an**d** on abou**t** the same thin**g**!

(18 語)

Useful Expressions

- **had better ～** ……… ～した方が身のためだ、～しないと困った ことになる［ひどい目に遭う・まずいことになる］
- **shut up** ……… 話をやめる、黙る
- **go on and on (about ～)** ……… (～について) 長々と［延々と・くどくどと］話す

瞬発力**TIPS**

on and on には、「延々と」という意味があります。
例えば、The list goes on and on と言えば、「リストは延々と延びる」という意味で、転じて、「(やることや選択肢やメニューなどが) とてもたくさんある」という意味になります。

先延ばしは
やめておこう

結局やることになるのなら

I'd better stop

wasting my time waiting.

I'm sure

I'll do it anyway at one point.

I should start

when the idea first hits me.

▼訳

待ちの姿勢で時間を無駄にするのはもうやめよう。
結局はやることになるだろうから。
やろうという気持ちが起こったらすぐ行動しないとね。

POD 最低10回は音読しましょう

🗣 最初の**10**回（これだけでもOK）

1	2	3	4	5	6	7	8	9	10

🗣 勢いがついたらあと**10**回

11	12	13	14	15	16	17	18	19	20

🗣 まだいけそうならプラス**10**回

21	22	23	24	25	26	27	28	29	30

🗣 最強になれるトータル**40**回

31	32	33	34	35	36	37	38	39	40

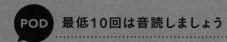

この音注意

I'd better stop wasting my time waiting.

I'm sure I'll do it anyway at one point.

I should start when the idea first hits me.

(25 語)

Useful Expressions

- **waste my time waiting** ——— 待ちながら時間を無駄にする
- **I'm sure (that) 〜** ——— きっと〜だろう
- **do it anyway** ——— とにかくやる、何としてもやる
- **at one point** ——— どこかの時点で、いつか

瞬発力 TIPS

「〜が思いつく」には come up with 〜という表現が有名ですが、ここでは無生物主語で発想を柔軟にしながら〜 hit me という表現を覚えておきましょう。

A new idea just hit me!
（新しいアイデアを思いついた！）

It just hit me that that could've made it a little different.
（そのことが状況（it）を少しは変えたかもしれないって思ってしまったんだ）

If you want something

very badly,

set it free.

If it comes back,

it's yours forever.

▼訳
本当に欲しいなら、手放してみよう。
必要なら、それは自然に戻ってくるから。

POD 最低10回は音読しましょう

● 最初の**10**回 (これだけでもOK)

1	2	3	4	5	6	7	8	9	10

● 勢いがついたらあと**10**回

11	12	13	14	15	16	17	18	19	20

● まだいけそうならプラス**10**回

21	22	23	24	25	26	27	28	29	30

● 最強になれるトータル**40**回

31	32	33	34	35	36	37	38	39	40

この音注意

If you want something very badly, set it free.

If it comes back, it's yours forever.

（16 語）

Useful Expressions

- **want ～ badly** ……………… ～が欲しくて仕方がない
- **set ～ free** ……………… ～を解放する

瞬発力 TIPS

左記の日本語文には具体性が全くありませんね。
でも it さえ使えれば、まるで「呼吸をするように」楽に話すことができます。具体性がない日本語にはとにかく it で対応しましょう。
it は「それ、話の内容 / 対象、（自分が）置かれた状況」と覚えておけば、非常に警戒に思いを口に出すことができるようになります。

「日本語には主語がないことが多い」とよく言われますが、それと同じぐらい「英語では it が頻繁に使われる」と覚えておきましょう！

I never know

when I push his buttons.

Besides,

he has a bad temper.

▼訳

あいつの怒りのツボってわからないから、話してて怖い。
しかもめちゃくちゃ短気でキレやすいんだよね。

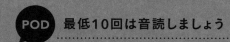

POD 最低10回は音読しましょう

🗨 最初の**10**回（これだけでもOK）

| 1 | 2 | 3 | 4 | 5 | 6 | 7 | 8 | 9 | 10 |

🗨 勢いがついたらあと**10**回

| 11 | 12 | 13 | 14 | 15 | 16 | 17 | 18 | 19 | 20 |

🗨 まだいけそうならプラス**10**回

| 21 | 22 | 23 | 24 | 25 | 26 | 27 | 28 | 29 | 30 |

🗨 最強になれるトータル**40**回

| 31 | 32 | 33 | 34 | 35 | 36 | 37 | 38 | 39 | 40 |

この音注意

I never know when I push **h**is buttons.

Besides, he has a ba**d** temper.

（14語）

Useful Expressions

- **push 〜's buttons** ———— 怒らせる、キレさせる、いらだたせる
- **besides** ———— しかも、さらに
- **a bad temper** ———— 短気な性格、気難しさ、怒りっぽさ

瞬発力TIPS

push 〜's buttons（push your buttonsや push his buttonsなど）は「〜を怒らせる、〜をいらだたせる」という意味の表現で、転じて、「怒りのツボを押す、地雷を踏む」のような日本語のスラングにも十分対応ができます。

knows how to push my buttonsという形で使われることも多く、You really know how to push my buttonsであれば「君は本当に私の怒らせ方を知っている」すなわち「君はよく私を怒らせる」という意味になります。
このような比喩表現をひとつでも知っておくと、とっさのときに意図を伝えるセンスも身についてきます。

話のまとまりが
ない人に困る

どれだけ脱線する気なの？

🔊 Track **056**

Hey hey,

where's the context?

You jump around too much!!

I want to put things

in perspective.

▼訳

おいおい、そりゃ"話が飛びすぎ"だよ！
どれだけ脱線する気なの？
ちょっと話を"整理"しようよ。

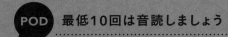
この音注意

Hey hey, where's the context?

You jump around too much!!

I want to put things in perspective.

（17語）

Useful Expressions

■ **context** —————————— 文脈
■ **jump around** ———————— 跳び回る
■ **put 〜 in perspective** ——— 気持ちをきちんと整理する、広い
視野で〜を見る、大局的に〜を眺める

瞬発力TIPS

「話が飛ぶ」という日本語の表現を今回は2つの言い方で表現してあります。Where's the context? と言えば、直訳すると、「文脈はどこにあるんだ？」となり、転じて話が脈絡なく飛んでいることを表現できます。

また、もっとダイレクトに話が飛ぶ、というイメージを表現するものとして、jump around(跳ね回る) があります。
私自身が米国での同時通訳中に、スピーカーの女性がI tend to jump around と会議の冒頭で言われたことがあります。そのとき、私は「私は話がつい飛んでしまうので…」と訳したことを覚えています。

155

ち、ちがうんです…

🔊 Track | **057**

It..It..It's different

fro..from

what it looks like!!

▼訳

ちょ、ちょっと…これはち、ちがうんです…!!

POD 最低10回は音読しましょう

🔊 最初の**10回**（これだけでもOK）
| 1 | 2 | 3 | 4 | 5 | 6 | 7 | 8 | 9 | 10 |

🔊 勢いがついたらあと**10回**
| 11 | 12 | 13 | 14 | 15 | 16 | 17 | 18 | 19 | 20 |

🔊 まだいけそうならプラス**10回**
| 21 | 22 | 23 | 24 | 25 | 26 | 27 | 28 | 29 | 30 |

🔊 最強になれるトータル**40回**
| 31 | 32 | 33 | 34 | 35 | 36 | 37 | 38 | 39 | 40 |

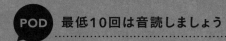

この**音**注意

It..It..It's different fro..from what it looks like!!

（10語）

Useful Expressions

■ **what it looks like** ——— 見た感じ（そのように見えるもの、見た感じ、それがどのように見えるか）

は意味のカタマリとして一語のようにひと息で。

瞬発力TIPS

what it looks like という関係詞の意味のカタマリは、直訳すると不自然になりますが、「見た感じ」という訳で覚えておけばとても使いやすくなります。

It's not / It's different from what it looks like の訳として、「見た通りじゃない、見たままとは違う、見た目とは中身が違う」のように色々な日本語と紐づけておくと、この表現ひとつを驚くほど多くのシチュエーションで使い回すことが可能になります。これが、関係詞を使った英語の威力です。

恩師に感謝する

おかげで道を外さず来れた

🔊 Track | **058**

You made a huge impact

on who I am.

You're the one

who kept me

on the right path.

▼訳

あなたは私の恩師です。
あなたのおかげで道を外さずに来られたのです。

POD 最低10回は音読しましょう

🔊 最初の**10**回（これだけでもOK）

1	2	3	4	5	6	7	8	9	10

🔊 勢いがついたらあと**10**回

11	12	13	14	15	16	17	18	19	20

🔊 まだいけそうならプラス**10**回

21	22	23	24	25	26	27	28	29	30

🔊 最強になれるトータル**40**回

31	32	33	34	35	36	37	38	39	40

この音注意

You made a huge impact on who I am.

You're the one who kept me on the right path.

（19語）

Useful Expressions

- **who I am** ——— 私という人間（私が誰であるか）
は意味のカタマリとして一語のようにひと息で。

- **make an impact on 〜** ——— 〜にインパクトを残す、影響（力）を及ぼす

- **the one who 〜** ——— 〜した人

- **keep 〜 on the right path** ——— 〜を正しい道に保つ

瞬発力 TIPS

恩師、という言葉を名詞で直訳しようとすると大変です。またでき上がった訳も不自然になりがちでしょう。そんな時は、現実における「意図と行動」をとらえ、主語と動詞に「因数分解」してしまえばよいのです。make an impact on を who I am という関係詞の意味のカタマリとセットにすれば、「私という人間にインパクトを残す」、すなわち恩師という日本語までカバーすることができます。

この曲なんだっけ？

Where does the background music come from?

It sounds somewhat familiar.

▼訳

この曲なんだっけなぁ？
どっかで聞いたことあるんだよね。

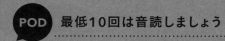

この音注意

Where does the background music come from?
It sounds somewhat familiar.

(11 語)

Useful Expressions

- **Where does 〜 come from?** —— 〜の出どころはどこ？
- **sound familiar** —— 聞き覚えがある
- **somewhat** —— 多少、ちょっと、いささか（= a little）

瞬発力 TIPS

「この曲なんだっけなぁ」は **Where does this song come from?**（この曲はどこから来てる？＝この曲の "出どころ" はどこ？）と訳すと、非常に使い回しがききます。**this song** が無生物主語として使われていることに注目してください。また、**familiar** は、**It sounds familiar** とすると、「(話し、歌など) どこかで聞いたなぁ」という意味になります。さらに **It looks familiar** とすると、「どこかで見たことがあるなぁ」という意味になり、日常で使いどころがたくさんあります。

人生を変えた本

作者に私淑<ruby>淑<rt>し</rt></ruby>する

The book changed

the way I look at life.

His writings (works/books)

have taught me

a lot.

▼訳 ....

あの本には人生観を変えられた。
あの作者に私淑してきたんです。

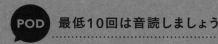
この音注意

The book changed the way I look at life.

His writings (works/books) have taught me a lot.

（16 語）

Useful Expressions

- **the way I look at life** ―――― 人生の見据え方、人生観
  は意味のカタマリとして一語のようにひと息で。

- **writings** ―――― 著作
- **works** ―――― 作品

瞬発力TIPS

人生観、という言葉を聞いてどのような英語が思いつくでしょうか？実は英語で人生観を表す表現は例えば、conception of life, idea of life, view of life, life philosophy, personal philosophy, outlook on life, one's theory of life, view of existence, vision of lifeのように無数にあります。これらの名詞を直訳的に会話で使用すると、その単語を度忘れしたとたんに会話はストップしてしまいます。そこで最優先して覚えるべきは、シンプルな単語の組み合わせである、the way I look at life（直訳：人生の見据え方＝人生観）。これだけ基本的な単語であれば忘れにくく、また主語と動詞を組み合わせて現実における「意図と行動」を柔軟に発想し伝える、というスキルまで身につけることができるのです。

前のページの **the way** は初対面の人と話すときや、打ち解けて会話を盛り上げ、スムーズにすることにも役立ちます。以下のようなパターンを知っておけば、相手をスマートにほめて、嬉しい気持ちにさせることができます。

📖 英文を手で隠して練習しよう！

① 歩き方が好き　➡ I like the way you walk

② 声が好き　➡ I like the way you sound

③ 着こなしが好き ➡ I like the way you dress

④ 考え方が好き　➡ I like the way your mind works

⑤ すべてが好き　➡ I like the way you are

▎スムーズな出だしで会話を制する

　言いたいことをスムーズに口に出すために What で始めるテクニックを覚えておきましょう。

What I like about you is 〜.　　あなたのいいところって〜だよね。

What I hate about him is 〜.　彼の〜なところが嫌い。

What I think you're trying to say is 〜, right?
おっしゃっていることは〜ということですよね？

What we need to do for now is 〜.
今やるべきことは〜です。

What I usually do is 〜.　　　普段は〜してるんです。

What I often think is 〜.　　　よく〜と思うんですよね。

　こうした、いくつかの What 節のパターンを知っておくと、次の1〜3の流れに沿って、自分の考えを口から出すのが楽になるんです。

【Whatを使う利点と流れ】
　①自分がこれから言おうとしていることを What 〜を使って「見出し」のように伝え、相手の関心を引く。
　②What 〜を使って「見出し」を言っている間に、自分の意見をまとめるための時間が確保できる。
　③ナチュラルな英語の会話のリズムに乗れる。
　④I think 〜の連発を避けられる。

I've been teaching myself English, so Japan is

where I learned

what I know.

I certainly enjoy

my personal journey.

▼訳 ....

英語を独学してるんです。

なので、日本で色々身につけたんです。

一人で追究するのは楽しいです。

POD 最低10回は音読しましょう

● 最初の**10**回（これだけでもOK）

1	2	3	4	5	6	7	8	9	10

● 勢いがついたらあと**10**回

11	12	13	14	15	16	17	18	19	20

● まだいけそうならプラス**10**回

21	22	23	24	25	26	27	28	29	30

● 最強になれるトータル**40**回

31	32	33	34	35	36	37	38	39	40

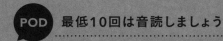

この**音**注意

I've been teaching myself English,

so Japan is where I learned what I know.

I certainly enjoy my personal journey.

（20 語）

Useful Expressions

■ **where I learned what I know** ——— 知っていることを学んだ
場所（今持っている知識を得た場所）
は意味のカタマリとして一語のようにひと息で。

- -

■ **teach 〜self English** ——— 自分に英語を教える（＝独学）
■ **personal journey** ——— 個人的な旅（個人的な探究＝独学）

瞬発力TIPS

「独学」という言葉を聞いて、どんな英語を思いつくでしょうか？例えば、**study on my own, learn by myself** と直訳的に訳してももちろん大丈夫ですが、新たな感覚をつかんでおきましょう。**teach myself English** は、直訳すると「自分に英語を教える」となり不自然な日本語になります。ゆえに英語的発想が凝縮されています。また、**Japan is where I learned what I know** と関係詞（where と what）を使って伝えれば、日本が私の知識（技能）を得た場所です、となりやはり「独学」の概念を柔軟に伝えられます。

内容か人格か？

何を言うかより誰が言うか

🔊 Track | **062**

It's not only about

"what is said",

but it's also about

"who says it".

▼訳

"何を言うか"、だけじゃなく、"誰が言うか"、も大切なことだな。

POD 最低10回は音読しましょう

🔊 最初の**10**回（これだけでもOK）

1	2	3	4	5	6	7	8	9	10

🔊 勢いがついたらあと**10**回

11	12	13	14	15	16	17	18	19	20

🔊 まだいけそうならプラス**10**回

21	22	23	24	25	26	27	28	29	30

🔊 最強になれるトータル**40**回

31	32	33	34	35	36	37	38	39	40

この**音**注意

It's not only about "what is said", but it's also about "who says it".

(14語)

Useful Expressions

- **what is said** ———————— 何を言うか
- **who says it** ————————— 誰が言うか

は意味のカタマリとして一語のようにひと息で。

- **be about 〜** ————————— 本質は〜である

瞬発力 TIPS

「本質、大切なこと」という言葉はビジネス、生活など様々な局面で使われますが、いざ直訳的に英語にしようとすると、essence, inner nature, the whole point, principle のように文脈や対象によって変化するのでなかなか大変です。最優先して覚えておくべきはシンプルな It's about 〜です。

また、It's about 〜は「本質は〜」という訳だけではなく「〜がすべて」「大事なのは〜」「大切なことは〜」といった日本語訳と対応して覚えておくと驚くほど使い回しが利き、話しやすくなります。

映画や歌でよく使われる It's (all) about love（愛がすべて）を思い出せば、すぐに応用がききますね。

I really don't want

to follow

people blindly.

▼訳
ぼんやりと周りにのみ込まれて生きるのはマジで受け入れられない。

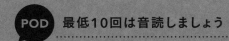
この音注意

I really don't want to follow people blindly.

(8語)

Useful Expressions

- **follow** —— つきしたがう、ついていく、後をつける
- **blindly** —— 盲目的に、考えなしで、無計画に

瞬発力TIPS

「ぼんやりと周りにのみ込まれて生きる」という日本語は直訳しようとするとかなり面倒で、しかも不自然な訳になることが予想されます。また、そのような直訳の「英作文」を頭の中でやるとどうしても時間がかかりすぎます。その間に会話はどんどん進んでいってしまいます。

そこであくまで現実における「意図と行動」をとらえていきましょう。シンプルに **follow people blindly**(人々に盲目的についていく=何となく周りに合わせる)と言えば、「ぼんやり周りにのみ込まれる」となり、具体的な内容を楽々と表現できます。

余計なお世話だ！

私が英語を勉強するわけ

🔊 Track | **064**

People say different things

on X (Twitter).

Who cares

why you want to study English?

Your enthusiasm is

all that matters,

right?

▼ 訳

X（Twitter）でみんなゴチャゴチャうるさいなぁ。
英語やる理由なんて、何だっていいじゃないか。
情熱さえあれば。そうだろ？

● 最初の**10回**(これだけでもOK)

| 1 | 2 | 3 | 4 | 5 | 6 | 7 | 8 | 9 | 10 |

● 勢いがついたらあと**10回**

| 11 | 12 | 13 | 14 | 15 | 16 | 17 | 18 | 19 | 20 |

● まだいけそうならプラス**10回**

| 21 | 22 | 23 | 24 | 25 | 26 | 27 | 28 | 29 | 30 |

● 最強になれるトータル**40回**

| 31 | 32 | 33 | 34 | 35 | 36 | 37 | 38 | 39 | 40 |

この音注意

People say different things on X (Twitter).

Who cares why you want to study English?

Your enthusiasm is all that matters, right?

(21 語)

Useful Expressions

■ **why you want to study English** ──── あなたが英語を学び
たい理由(なぜ英語を学びたいか)
は意味のカタマリとして一語のようにひと息で。

■ **different things** ──── 色々なこと

■ **Who cares 〜 ?** ──── 〜など知ったことか!、〜なんか誰も
気にしない、〜などどうでもいい

■ **〜 is all that matters** ──── 大事なのは〜だけである

瞬発力 TIPS

People say different things は、「人々は色々な(好き勝手な)ことを
言ってる」という意味で「ごちゃごちゃうるさい」という日本語
にも容易に対応できます。「色々な」という意味の単語としては、
various などを思いつくかもしれませんが、カジュアルな会話では圧
倒的に **different** の方が多く使われるので知っておくと便利です。

\ Unit /

真剣に心のこもった
アドバイスをする

....

だまされたと思ってやってみて

🔊 Track | **065**

Hear me out.

I'm telling you!!

Just take my word for it.

You'll be glad

you did it.

I have your best interest

at heart.

▼ 訳 ....

まあ最後まで聞いてよ。
本当にそうなんだって！
だまされたと思ってやってみて。
やってよかったと思えるから。
君のことを本当に思って言ってる。

POD 最低10回は音読しましょう

● 最初の10回(これだけでもOK)
| 1 | 2 | 3 | 4 | 5 | 6 | 7 | 8 | 9 | 10 |

● 勢いがついたらあと10回
| 11 | 12 | 13 | 14 | 15 | 16 | 17 | 18 | 19 | 20 |

● まだいけそうならプラス10回
| 21 | 22 | 23 | 24 | 25 | 26 | 27 | 28 | 29 | 30 |

● 最強になれるトータル40回
| 31 | 32 | 33 | 34 | 35 | 36 | 37 | 38 | 39 | 40 |

この音注意

Hear me out. I'm telling you!! Just take my word for it. You'll be glad you did it. I have your best interest at heart.

(25 語)

Useful Expressions

- **Hear me out.** ────── 最後まで聞いて、話を聞け
- **I'm telling you** ────── 本当なんだよ、マジで言ってる
- **take my word for it** ────── 私の言葉をそのまま受け入れて（だまされたと思ってやってみて）
- **have your best interest at heart** ────── あなたの最大の利益を考えている（⇒あなたのことを思って言っている）

瞬発力TIPS

今回は相手を説得するときに必ず使う表現のセットになっています。単に聞いて、というのであればListen (to me)ですが、話を最後まで聞いて、というのであればHear me outが使われます。相手に会話をさえぎられたときにもよく使います。
take my word for itは自分の言葉(my word)をそのまま額面通りに受け入れて(take)と伝えるニュアンスです。「だまされたと思ってやってみて」という訳で覚えておくととても使いやすいです。

コツコツできなくても構わない！

できるときにやらないと！

🔊 Track | **066**

I know

I'm on and off...

and I can't help it.

So,

I'd better do things

when I want to!!

▼訳

自分にムラっ気があるのは仕方ないな…
だからできるとき（やりたいとき）に色々やらないと！

この音注意

I know I'm on and off... and I can't help it.

So, I'd better do things when I want to!!

(20 語)

Useful Expressions

■ **on and off** ——— ムラっ気がある
■ **can't help it** ——— 仕方がない
■ **do things** ——— （物事に）取り組む

瞬発力 TIPS

「（行動に）ムラがある、一貫性がない、波がある、やったりやらなかったり」といった日本語はよく使いますが、on and off を知っておけばこれらをすべてカバーできます。「スイッチが入ったり切れたりしている」イメージですね。

例えば「最近ジムに行ってる？ Do you work out lately?」「うーん、行ったり行かなかったりだよ。Well, I'm on and off...」という感じで使います。

先述しましたが、had better には、「～しなければただじゃ済まさない」という怒りや脅迫のニュアンスがありますが、自分自身に対して使うのは大丈夫です！

「～しなきゃだめだよな」という感じで、独り言を言ったり、自分に厳しくしたりしている語り方になります。

had better は「自分に対してだけ使う！」くらいの姿勢が一番無難で、相手に悪い印象を与えないと思います。

はっきり言ってよ！

ぶっちゃけ

What's holding you back?

Be straight with me!

▼ 訳

奥歯に物のはさまったような言い方はやめてよ。

ぶっちゃけて話してよ！

この**音**注意

What's holding you ba**ck**?

Be straigh**t** wi**th** me!

(8 語)

Useful Expressions

- **hold back** ——— 隠す、本当のことを言わない
- **Be straight with me** ——— はっきりしてよ

瞬発力 TIPS

hold には「しっかりつかむ/握る」という意味があり、また back は「後方に」を意味します。この2つを組み合わせると hold back のイメージは「しっかりつかんで後方に留める」となります。これを転じて、「遠慮する、本当のことを言わずに我慢する、本音を隠す、やめておく、引き下がる、尻込みする、ためらう、自分の感情を抑える」といったさまざまな日本語をカバーすることができます。例えば、「猫かぶってるよ」「カマトトぶってる」という日本語でさえ、実際の意図と行動をとらえて、「本性を隠している」「真意を隠している」「実力を隠している」と解釈すれば、楽々と英語にすることができます。
Be straight with me、または Be straight up with me で、「包み隠さず正直に言って」という意味になります。同じ意味の表現で、Tell it to me straight や Give it to me straight もよく使います。

This song elevates you

when you're demotivated

or depressed...

▼ 訳

やる気がでないときや凹んだときはこの歌が背中を押してくれる。

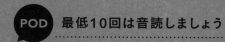

🗣 **最初の10回**（これだけでもOK）

1	2	3	4	5	6	7	8	9	10

🗣 **勢いがついたらあと10回**

11	12	13	14	15	16	17	18	19	20

🗣 **まだいけそうならプラス10回**

21	22	23	24	25	26	27	28	29	30

🗣 **最強になれるトータル40回**

31	32	33	34	35	36	37	38	39	40

この音注意

This song elevates you when you're demotivated or depressed...

（9語）

Useful Expressions

- 無生物主語 **elevate** ──── （気分を）高揚させる / アゲる、（気持ちを）高める、持ち上げる
- **demotivated** ──── やる気がない、やる気がなくなっている
- **depressed** ──── 気持ちがへこんでいる、抑うつ状態になっている

瞬発力TIPS

elevates の主語が This song となっているので無生物主語であることが分かりますね。

日本語では「エレベーター」くらいでしか使うことのない単語で、英語としてなかなか思いつきにくいですが、気分が高揚するあらゆる物事で使うことができます。例えば、日本語のスラングである、「（気分が）アガる」も、This song elevates me と無生物主語を使って言えば、「この歌で気分がアガる！」のように対応させることができます。

I know

I have a lot to learn

because I know

there's always more to do!!

▼訳 ···

自分はまだまだです、というのも課題は尽きないとわかっていますの
で。

この**音**注意

I know I have a lot to learn because I know there's always more to do!!

（16 語）

Useful Expressions

- **have a lot to learn** ── 学ぶことが多い（＝自分はまだまだ、道は遠い、課題は尽きない）
- **there's more to do** ── もっとやることがある（＝自分はまだまだ、道は遠い、課題は尽きない）

瞬発力 TIPS

「学ぶことが多い、もっとやることがある、私はまだ未熟だ、自分はまだまだ、道は遠い、課題は尽きない」といった様々な日本語の表現は本質的には同じ内容を表していると言えます。

There's always more to do のように There で文をスタートできる技も身につき、さらに発話がしやすくなると思います。
また、have a long way (to go)（道はまだまだ遠い）という表現もよく会話に登場するので覚えておくとよいでしょう。

Listen to the voice within, and start now.

Don't rely on fate, and just follow your interests.

▼訳

自分に正直にとにかくやってみろよ。

運命なんか気にしないでひたすら自分の興味を追求しろよ。

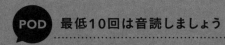

POD 最低10回は音読しましょう

● 最初の**10回**(これだけでもOK) ● 勢いがついたらあと**10回**

| 1 | 2 | 3 | 4 | 5 | 6 | 7 | 8 | 9 | 10 | 11 | 12 | 13 | 14 | 15 | 16 | 17 | 18 | 19 | 20 |

● まだいけそうならプラス**10回** ● 最強になれるトータル**40回**

| 21 | 22 | 23 | 24 | 25 | 26 | 27 | 28 | 29 | 30 | 31 | 32 | 33 | 34 | 35 | 36 | 37 | 38 | 39 | 40 |

この**音**注意

Listen to the voice within, and start now.

Don't rely on fate, and just follow your interests.

(17 語)

Useful Expressions

- **within** ——————— 内なる、内より出る
- **rely on ～** ——————— ～に頼る、依存する
- **fate** ——————— 宿命、運命
- **follow ～'s interest** ——— 自分の興味にしたがう

瞬発力 **TIPS**

自分に正直に、というフレーズは日本語でよく使われますが、正直＝ honest ではなく、listen to the voice within(内なる声を聴く)と応じてみましょう。この習慣が英語の発想パターンを根本的に変えてくれます。あらゆる概念を「因数分解」して動詞を中心に英語を発想する原動力となります。応用として、「自発的に」「内発性の（モチベーションなど）」「本心から」「本音で」等の日本語もすべて it と合わせて it (all) comes from within でスマートに発話することが可能になります。

I'm not sure

I can do

what you think I can.

I mean,

I could disappoint you...

so please don't count on me

too much.

▼訳

期待に添えるか自信はないのですが...
なんと言いますか、残念な結果になってしまうかもしれません。
なので、期待しすぎないでいてくだされればと...

POD 最低10回は音読しましょう

● 最初の**10**回(これだけでもOK)

1	2	3	4	5	6	7	8	9	10

● 勢いがついたらあと**10**回

11	12	13	14	15	16	17	18	19	20

● まだいけそうならプラス**10**回

21	22	23	24	25	26	27	28	29	30

● 最強になれるトータル**40**回

31	32	33	34	35	36	37	38	39	40

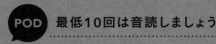

この音注意

I'm not sure I can do what you think I can.

I mean, I could disappoint you... so please don't count on me too much.

(25 語)

Useful Expressions

■ **what you think I can** —— あなたが私にできると思っていること
は意味のカタマリとして一語のようにひと息で。

■ **disappoint** —— 落胆させる
■ **count on** —— 〜を当てにする、〜を頼りにする

瞬発力TIPS

「かもしれない」という日本語に対して、**maybe** や **perhaps** で対応したいと思うかもしれませんが、ここで **could** が使えるようにしておきましょう。動詞ベースで発想ができるので、直訳に頼らずに済み、瞬間的に英文を出せるようになります。

今回の内容は、ある意味「日本人的な謙虚さ(自信を押し出さない話し方)」なので、使いどころが多いと思います。

呼吸が合う

🔊 Track | **072**

I'm glad
you "get it."

▼訳
あなたとは、"呼吸が合う"から嬉しいよ。

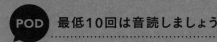

POD 最低10回は音読しましょう

🗨 最初の**10**回（これだけでもOK）

1	2	3	4	5	6	7	8	9	10

🗨 勢いがついたらあと**10**回

11	12	13	14	15	16	17	18	19	20

🗨 まだいけそうならプラス**10**回

21	22	23	24	25	26	27	28	29	30

🗨 最強になれるトータル**40**回

31	32	33	34	35	36	37	38	39	40

この音注意

I'm glad you "get it."

（5 語）

Useful Expressions

- **I'm glad (that)** ……… 〜で嬉しいよ
- **get it** ……… （言外の意図を）理解できる、（言葉で説明しなくても）呼吸が合う

瞬発力TIPS

《コミュ力アップのI'm glad S V》

「〜で嬉しいです」というときに、I'm glad 〜/ I'm happy 〜が瞬間的に言えるように音読しておきましょう。これは日常で呼吸をするように使うので一気に日常のコミュニケーション力がアップします！get itは直訳すると「それを得る」と、不自然な日本語になる分、英語的な発想に満ちています。ここでは手っ取り早く日本語訳をつけて覚えておきましょう。ここでのitは「こちらが分かってほしい内容/感覚」ととらえます。get it =「分かってくれる」「（ユーモアなどの）センスがある/理解できる」「空気を読める」と考えましょう。

逆に「あなたって本当にセンスがないのね」「空気が読めないのね」であれば、You (just) don't get it.、「ちょっと私には理解できないなぁ」であれば、I don't get it. となります。映画やドラマでもよく出てきます。

I wouldn't say

the changes are discouraging,

but it's just worrisome

at times.

▼訳 ....

そういう変化ってやる気に影響するというよりは、ただ時々何気に気に
なるという感じ。

POD 最低10回は音読しましょう

🔊 最初の**10回**(これだけでもOK)

| 1 | 2 | 3 | 4 | 5 | 6 | 7 | 8 | 9 | 10 |

🔊 勢いがついたらあと**10回**

| 11 | 12 | 13 | 14 | 15 | 16 | 17 | 18 | 19 | 20 |

🔊 まだいけそうならプラス**10回**

| 21 | 22 | 23 | 24 | 25 | 26 | 27 | 28 | 29 | 30 |

🔊 最強になれるトータル**40回**

| 31 | 32 | 33 | 34 | 35 | 36 | 37 | 38 | 39 | 40 |

この音注意

I wouldn't say the changes are discouraging, but it's just worrisome at times.

（13語）

Useful Expressions

- **I wouldn't say** ──── ～と（まで）は言わない
- **discouraging** ──── やる気をそぐような
- **worrisome** ──── 気にかかる
- **at times** ──── 時々、時には

瞬発力TIPS

日本語での「～とまでは言わないけど」に当たるのが I wouldn't say ～になります。

また not を外して、I would say ～ / I'd say ～は「私的には、私に言わせれば、私が思うに」となり、さらに使用頻度が高まります。文末に, I'd say. のようにつける場合も多いことも覚えておきましょう。

仕事などで、「やる気が萎えるよなぁ」という気持ちを表すときには、discouraging / demotivating を使えるようにしておきましょう。It's so demotivating と独り言が出せれば、ネガティブな感情もすぐに It を用いて表すことができ、英語の上達につなげることが可能です。

失敗は
モチベーションに！

悔しさ。それは伸びしろ

🔊 Track | **074**

You can get better
as much as you recognize
your shortcomings
and frustrations.

▼訳

"できないこと"と"悔しさ"は、伸びしろそのものだ。その分、進歩できる。

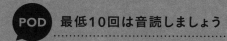

POD 最低10回は音読しましょう

● 最初の**10回**(これだけでもOK)
| 1 | 2 | 3 | 4 | 5 | 6 | 7 | 8 | 9 | 10 |

● 勢いがついたらあと**10回**
| 11 | 12 | 13 | 14 | 15 | 16 | 17 | 18 | 19 | 20 |

● まだいけそうならプラス**10回**
| 21 | 22 | 23 | 24 | 25 | 26 | 27 | 28 | 29 | 30 |

● 最強になれるトータル**40回**
| 31 | 32 | 33 | 34 | 35 | 36 | 37 | 38 | 39 | 40 |

この**音**注意

You can get better as much as you recognize your shortcomings and frustrations.

（13 語）

Useful Expressions

- **as much as** ――――― ～と同じくらい～だ
- **shortcoming** ――――― 短所

瞬発力TIPS

経験的な話になりますが、as 〜 as のパターンは、日本語が母語の私たちにとっては「理解はできるが使いづらい」パターンの典型のようです。まずは比較的使いやすい as much as のパターンを使用して口に出せるようにしましょう。このような「大多数の学習者が苦手とする」部分を強化すると当然ライバルたちにはスピーキングで大きな差がつきます。

「気づく」という日本語に対して反射的に notice を使いたくなるかもしれませんが、実際には recognize が意外なほどよく使われています。recognize を「認識する」という訳語で覚えていると途端に使いにくくなるので要注意です。X(Twitter)などで「recognized shortcomings」などで検索すると、その日常での使用頻度に圧倒されると思います。

\ Unit /

75

言い訳するなら
スムーズに

・・・

そのう…あのう…

🔊 Track | **075**

Well,

I was meaning to do it.

I'm telling you.

I was going to do it.

I mean,

I wanted to do so.

So, it's not like

I didn't want to do it.

▼訳 ・・

そのう、やろうとは思っていたんですよ。本当なんです。
やる予定にはしてたんです。なんというか、やりたいとは思っていたん
です。なのでやりたくなかったわけではないんです。

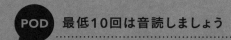

POD 最低10回は音読しましょう

🔴 最初の**10回**（これだけでもOK）

1	2	3	4	5	6	7	8	9	10

🔴 勢いがついたらあと**10回**

11	12	13	14	15	16	17	18	19	20

🔴 まだいけそうならプラス**10回**

21	22	23	24	25	26	27	28	29	30

🔴 最強になれるトータル**40回**

31	32	33	34	35	36	37	38	39	40

この**音**注意

Well, I was meaning to do it. I'm telling you.

I was going to do it. I mean, I wanted to do so.

So, it's not like I didn't want to do it.

（33 語）

Useful Expressions

- **mean to** ～するつもりだ
- **I'm telling you** 本当にそうなんですよ！
- **It's not like (It's not that)** ～ってわけじゃない

瞬発力 TIPS

スピーキング力を格段に上げてくれるシチュエーションを取り上げるとすれば、言い訳をするときや議論をするときと相場が決まっています。何しろ自分を守らないと不利益をこうむるのですから必死になるに決まっています。そこで、効率的に言い訳をする表現で武装しておきましょう。

I was meaning to / I was going to / I wanted to のように過去形で表現すると、「やるつもりだったんです！」という言い訳を鮮やかに英語にすることができます。そのあとに、**because** などで理由を追加すればさらに説得力が増すでしょう。

There are so many inconsistencies that I don't even know where to start!!

▼訳
突っ込みどころ満載でどこから突っ込めばいいかわからない！

POD 最低10回は音読しましょう

● 最初の**10**回（これだけでもOK）

1	2	3	4	5	6	7	8	9	10

● 勢いがついたらあと**10**回

11	12	13	14	15	16	17	18	19	20

● まだいけそうならプラス**10**回

21	22	23	24	25	26	27	28	29	30

● 最強になれるトータル**40**回

31	32	33	34	35	36	37	38	39	40

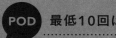

この**音**注意

There are so many inconsistencies that I don't even know where to start!!

(13 語)

Useful Expressions

■ **where to start** ──── 開始すべき部分/場所（ここでは"矛盾の指摘を開始すべき部分"）
は意味のカタマリとして一語のようにひと息で。

- -

■ **inconsistency** ──── つじつまの合わないこと、不一致、矛盾

瞬発力 TIPS

「突っ込みどころ」は名詞としては inconsistency(contradiction) などで対応させることができます。一方、動詞として「突っ込む（矛盾を指摘する）」はこの文の流れのなかであれば、既に矛盾の存在を表現しているので、「矛盾が多すぎて"(矛盾の指摘を) どこから始めればよいかわからない"」を意味する where to start (pointing out the inconsistencies)で十分です。

この例文は、テレビなどで、有名人や政治家などの発言や会見を見て
「いや、それは矛盾してるじゃん！」
「一体どれだけいい加減なことばかり言うんだ！」
と憤った瞬間に口から出れば合格です！

Unit 77

正当に評価されたい

長所を認めて！

◀)) Track | **077**

They should recognize

my good qualities first,

or it'll be pretty demotivating...

▼訳

長所をちゃんと認めてもらえないと、やる気が失せてしまうものだよな。

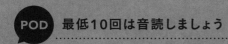

POD 最低10回は音読しましょう

🔵 最初の**10**回（これだけでもOK）

| 1 | 2 | 3 | 4 | 5 | 6 | 7 | 8 | 9 | 10 |

🔵 勢いがついたらあと**10**回

| 11 | 12 | 13 | 14 | 15 | 16 | 17 | 18 | 19 | 20 |

🔵 まだいけそうならプラス**10**回

| 21 | 22 | 23 | 24 | 25 | 26 | 27 | 28 | 29 | 30 |

🔵 最強になれるトータル**40**回

| 31 | 32 | 33 | 34 | 35 | 36 | 37 | 38 | 39 | 40 |

この音注意

They should recognize my good qualities first, or it'll be pretty demotivating...

(12 語)

Useful Expressions

- **quality** ——— 人格、資質、素養、（人格の）よい部分
- **recognize good qualities** ——— （人格／人柄の）よい部分に気づく
- **demotivating** ——— やる気をそぐような

瞬発力 TIPS

qualities という言葉を聞くと、もしかしたら「品質」のような日本語が思い浮かび、人間（の性格）を対象に使用することはイメージしにくいかもしれません。しかしながら、実際の会話では recognize his/her good(bad) qualities の形で非常によく登場します。

また単に qualities だけでも「（その人の）よいところ」という意味で使用します。

以下のような使い方になります：

Some people did not recognize his qualities, so he had to be a strong character.

（彼の長所が分からない人もいた、だから彼は自分のキャラクターを強く押し出さなければいけなかった）

199

SNSに捧げる人生

スマホ脳

🔊 Track | **078**

I guess

I spend so much time

on social media

that I miss

what's going on in real life.

▼ 訳

SNSに時間を使いすぎて、現実の世界が見えなくなってるかもしれない。

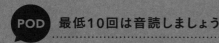
この**音**注意

I guess I spen**d** so much time on social media tha**t**
I miss what's goin**g** on in real life.

(19語)

Useful Expressions

■ **what's going on** ⸺ 起こって［行われて］いること、実情、事態、状況
は意味のカタマリとして一語のようにひと息で。

■ **spend ～ on ...** ⸺ ～（時間、お金など）を…に費やす

■ **social media** ⸺ SNS

瞬発力 TIPS

「～かもしれないなぁ」というときに、**maybe** や **perhaps** ではなく、**I guess** を使うだけで、《主語＋動詞》を使うパターンに慣れて、主語を自由に取りながら、品詞の違いを超えて英文を発想できる感覚を体得できます。同じように、関係詞の **what** を使って **what's going on** が使えると、「実情、状況、事態」のような固い日本語の名詞に対しても **situation** のような直訳以外を用いることができ、「関係詞、動詞、無生物主語（ここでは **what's going on** を無生物主語的に使用）」の感覚を一気に体得できます。SNS という用語は和製英語というわけではありませんが、一般的な略語ではなく、**social media** という用語が圧倒的によく使われています。

悪事を隠ぺいする！

つじつま合わせ

I'd better

"keep the story straight,"

or I'll be

in big trouble!!

▼ 訳

"話のつじつまを合わせ"ないと、やばい！

POD 最低10回は音読しましょう

🕐 最初の**10回**(これだけでもOK)
| 1 | 2 | 3 | 4 | 5 | 6 | 7 | 8 | 9 | 10 |

🕐 勢いがついたらあと**10回**
| 11 | 12 | 13 | 14 | 15 | 16 | 17 | 18 | 19 | 20 |

🕐 まだいけそうならプラス**10回**
| 21 | 22 | 23 | 24 | 25 | 26 | 27 | 28 | 29 | 30 |

🕐 最強になれるトータル**40回**
| 31 | 32 | 33 | 34 | 35 | 36 | 37 | 38 | 39 | 40 |

この音注意

I'd better "keep the story straight," or I'll be in big trouble!!

(12語)

Useful Expressions

■ **keep the story straight** ……… 話のつじつまを合わせる
■ **be in (big) trouble** ……… (大変な) トラブルに見舞われる

瞬発力 TIPS

人は皆、隠し事の1つや2つはあるかと思います。
そしてそれがばれてしまうこともあるでしょう。
そんなときに、ネイティブスピーカーがまず独り言で発するのが、
I'd better keep the story straight!!
となります。直訳すると、「話を真っすぐにしておかないと」となり、
転じて「矛盾がない話に仕立て上げないと」という意味になります。

「やばい」という日本語のスラングも、直訳するよりも現実における
「意図と行動」を把握して、「大変なトラブルに見舞われる」ととら
えて、I'll be in big trouble とすれば、楽に伝えることが可能です。
とにかく「忘れたら即おしまい」の直訳よりも、「文にして伝えれば
いい」というスタイルを大事にしましょう。

I'm sick and tired

of the people

with too much time

acting like they're busy...

▼訳

ヒマな人ほど忙しいアピールがすごいんだな...

POD 最低10回は音読しましょう

● 最初の**10**回（これだけでもOK）

1	2	3	4	5	6	7	8	9	10

● 勢いがついたらあと**10**回

11	12	13	14	15	16	17	18	19	20

● まだいけそうならプラス**10**回

21	22	23	24	25	26	27	28	29	30

● 最強になれるトータル**40**回

31	32	33	34	35	36	37	38	39	40

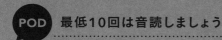

この**音**注意

I'm sick an**d** tired o**f** the people wi**th** too much time actin**g** li**ke** they're busy...

（15語）

Useful Expressions

■ **people with too much time** —— 時間が余っている人たち
は意味のカタマリとして一語のようにひと息で。

■ **be sick (and tired) of** —— 〜にはうんざりしている、〜には飽き飽きだ、〜に嫌気が差している

■ **act like** —— 〜のようにふるまう

瞬発力 TIPS

インスタグラムなどの SNS（social media）を見ていると、その豪華絢爛で充実したキラキラした投稿に圧倒されるかもしれません。そこで「時間があってうらやましいこと！」のように皮肉の一つも言いたくなることでしょう。そこで実践的な with の使い方をマスターしましょう！ people with too much time とすれば「ヒマ人たち」のような日本語も楽に英語にできますね。

Unit

81

退屈で死にそうです

コメントください

🔊 Track | 081

I'm so bored…

Someone please comment

a picture of anything,

and I'll make it my Zoom icon

for my class tomorrow.

▼訳

本当に退屈だなぁ…誰かコメント欄になんでもいいから写真をくれませんか？ で、それを明日の授業のZoomアイコンに使いたいんだ。

POD 最低10回は音読しましょう

🔊 最初の**10**回（これだけでもOK）

1	2	3	4	5	6	7	8	9	10

🔊 勢いがついたらあと**10**回

11	12	13	14	15	16	17	18	19	20

🔊 まだいけそうならプラス**10**回

21	22	23	24	25	26	27	28	29	30

🔊 最強になれるトータル**40**回

31	32	33	34	35	36	37	38	39	40

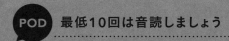

この音注意

I'm so bored... Someone please comment a picture of anything, and I'll make it my Zoom icon for my class tomorrow.

（21 語）

Useful Expressions

■ **be bored** ―――― 退屈している
■ **comment** ―――― 〜をコメント欄に投稿する
■ **〜 of anything** ―――― 何の〜でもいいので
■ **make it 〜** ―――― それを〜にする

瞬発力TIPS

退屈したときに、思わず出てしまう言葉ってありますよね。そのような内容が英語で言えたなら、それは「英語で思い、感じることができている」証拠です。音読してその感情を体験しておきましょう。SNS（social media）があるおかげで、このような独り言さえこの世の誰かに聞いてもらえると考えると、モチベーションも上がるというものです。

someone（誰か、誰でもいいから）や of anything（何でもいいから）という言葉に「深刻なまでに退屈している！」という感情を読み取ってみてください。

My Wednesday lunch date

just became a walking date.

It's all good,

but I will still be hungry.

I'd better mask up

and take out some sandwiches.

▼ 訳 ....

水曜のランチデートは歩くだけのデートになっちゃった。それは全然い
いんだけど、お腹はすいちゃうよね。（ちゃんと）マスクをつけてサンド
イッチのテイクアウトをしないとね。

POD 最低10回は音読しましょう

● 最初の**10**回（これだけでもOK）

1	2	3	4	5	6	7	8	9	10

● 勢いがついたらあと**10**回

11	12	13	14	15	16	17	18	19	20

● まだいけそうならプラス**10**回

21	22	23	24	25	26	27	28	29	30

● 最強になれるトータル**40**回

31	32	33	34	35	36	37	38	39	40

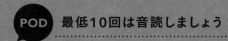

この音注意

My Wednesday lunch date just became a walking date. It's all good, but I will still be hungry. I'd better mask up and take out some sandwiches.

（27 語）

Useful Expressions

- **become** ……… 〜になる
- **It's all good** ……… 全然大丈夫、全然かまわない
- **mask up** ……… マスクを（きちんと）する
- **take out** ……… 〜（料理）をテイクアウトする

瞬発力TIPS

まずは **My Wednesday lunch date just became 〜** と、主語が無生物になっていることに注目してください。日本語が母語の私たちが英語を話すときには、「主語をできるだけ人間以外にしよう！」と思うくらいがちょうどいいのです。mask up（マスクをつける）という表現は、新型コロナウイルスの蔓延によって広く使われるようになった表現です。コロナ禍に対応して、"Mask Up America"（アメリカよ、マスクをしろ）というキャンペーンの呼びかけ人となったニューヨーク州のアンドルー・クオモ知事により、この表現は世界的に有名になりました。

209

I wanna delete

all my social media accounts

and never come back ever again...

But what am I gonna do

when I'm bored?

Somebody tell me, please!

▼ 訳

SNSアカウントを全部削除して二度とやりたいなんて思わない…
でもそうしたら 退屈したときに一体どうすりゃいいんだろう？
誰か教えて！

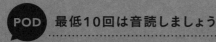
この**音**注意

I wanna dele**te** all my social media accounts an**d**
never come back ever again...
But what am I gonna do when I'm bore**d**?
Somebody tell me, please!

（27 語）

Useful Expressions

- ■ **delete** ———— 削除する
- ■ **social media accounts** —— SNSアカウント
- ■ **What am I gonna(going to) do?** —— 私はどうするのだろ
  う？（どうすればいいのだろう？）

瞬発力TIPS

何らかの失敗をして追い詰められれば、独り言であってもここまで
感情的になる、ということが実感できる例文です。
What am I gonna do? は独り言では非常によく使われます。
「一体どうしろと？」という訳をつけて、何度も音読しておくと、必
ずその状況になれば口をついて出るようになります。

失恋でボロボロです

心をもとに戻そう

🔊 Track | **084**

I'm picking up

and mending the pieces

of my broken heart now,

and I have black eyes

after crying like crazy.

▼ 訳

今は失恋でバラバラになった心をもとに戻そうとしてる。そしてめちゃくちゃ泣いて目にクマができちゃってるんだ。

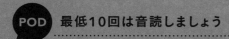
この**音**注意

I'm picking up and mending the pieces of my broken heart now, and I have black eyes after crying like crazy.

(21 語)

Useful Expressions

- **pick up** ……… (元気を) 回復する、(勇気を) 奮い起こす
- **mend** ……… (縫って) 繕う、直す
- **piece** 破片、断片、かけら
- **black eyes** ……… 目のクマ
- **like crazy** 猛烈に、ものすごく

瞬発力 TIPS

嫌なこともつらい経験も英語の上達の味方なんです。ネガティブなことも上達につながっているとわかっていれば、気持ちは自然にポジティブになるものです。mend the piecesは「(粉々になった心の) 破片をつなぎ合わせる」となり、比喩的に目に見えるイメージとなります。このような「目に見えることにたとえる」話ができると語彙の不足や度忘れに対応がしやすくなります。

I never want to go through

a broken heart again.

Dealing with a broken heart

isn't easy.

However,

my friends always fix

my broken heart.

▼訳

失恋だけはもうごめんだよ。
失恋と向き合うのは簡単なことじゃない。
それでもいつも友達の存在が失恋の傷を癒やしてくれる。

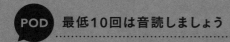

POD 最低10回は音読しましょう

● 最初の**10回**(これだけでもOK)

1	2	3	4	5	6	7	8	9	10

● 勢いがついたらあと**10回**

11	12	13	14	15	16	17	18	19	20

● まだいけそうならプラス**10回**

21	22	23	24	25	26	27	28	29	30

● 最強になれるトータル**40回**

31	32	33	34	35	36	37	38	39	40

この音注意

I never want to go through a broken heart again.
Dealing with a broken heart isn't easy. However,
my friends always fix my broken heart.

(25 語)

Useful Expressions

- **go through** ━━━━ 〜で苦労する
- **deal with** ━━━━ (問題などに) 取り組む/対応する
- **fix** 直す

瞬発力TIPS

go through は「経験する」という訳よりも「〜で苦労する」と訳す方が使い勝手がよい場合が多いです。
また deal with も学校では最初に「扱う」という訳で覚えたかもしれませんが、「対応する/対処する」という訳で覚えて音読しておくと、会話で瞬間的に出しやすくなります。fix の基本的な意味としては、「直す、固定する、決める、整える、準備する」などがありますが、根本的には「あるべき本来の状態にする/直す」というイメージでつかんでおくと使いやすくなります。

215

Eating salad

for lunch every day

makes me so hungry

by the end of the day.

▼訳

毎日ランチにサラダを食べると、一日の終わりにはものすごくお腹がすくんだ。

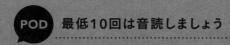

この**音**注意

Eating salad for lunch every day makes me so hungry by the end of the day.

（16 語）

Useful Expressions

■ **eating 〜 for lunch** —— 〜を昼食に食べること
は意味のカタマリとして一語のようにひと息で。

■ **make 〜 hungry** —— 〜のお腹をすかせる
■ **by** —— 〜の頃には

瞬発力 TIPS

eating 〜（〜を食べること）の部分が名詞として主語になっていることに注目してください。
人間を主語にしない無生物主語の感覚がここでも生きています。
日本語に直訳すると「〜を食べることが私を空腹にさせる」となり、非常に不自然で違和感がありますね。それゆえに、日本語が母語の私たちには思いつきにくい主語の取り方になります。ここでしっかりと音読をして、「〜ing」の動名詞も一瞬で主語に取れる発話の自由さを手に入れてください。

折れない心

立ち上がれ！

If you don't fall down here and there, you're not trying hard enough.

▼ 訳

重要なのは何回打ちのめされたかではない。そこから何回"立ち上がった"かだ。

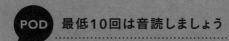

POD 最低10回は音読しましょう

🔵 最初の**10**回(これだけでもOK)

| 1 | 2 | 3 | 4 | 5 | 6 | 7 | 8 | 9 | 10 |

🔵 勢いがついたらあと**10**回

| 11 | 12 | 13 | 14 | 15 | 16 | 17 | 18 | 19 | 20 |

🔵 まだいけそうならプラス**10**回

| 21 | 22 | 23 | 24 | 25 | 26 | 27 | 28 | 29 | 30 |

🔵 最強になれるトータル**40**回

| 31 | 32 | 33 | 34 | 35 | 36 | 37 | 38 | 39 | 40 |

この音注意

If you don't fall down here and there, you're not trying hard enough.

(13 語)

Useful Expressions

- **fall down** ——— 落ちる、ひっくり返る、転ぶ
- **here and there** ——— ところどころで、時々、時折

瞬発力TIPS

例文の日本語では「打ちのめされた」となっていますが、ここでは直訳して苦しむよりも、いつも通り「意図と行動」を把握して同じメッセージを伝えましょう。If you don't fall down とすれば、「転ぶ（つまずく）ことがなかったら」となり、ほぼ同じ意図が伝わります。

また、英文を直訳すると、「もし時々転ぶことがないなら、あなたは十分に頑張っているとは言えない」となり、日本語文全体のメッセージと同じ内容を直訳を避け、シンプルな語彙で表現されていることが分かると思います。

この日本語を直訳ベースで英語にすると、The important thing is not how many times you get beaten(fail), but how many times you make a comeback のようになり、冗長で、通じにくく、発話が鈍重になりがちです。

Hold on.

I do know

what you're talking about,

but my mind doesn't work

that way.

▼訳

ちょっと待ってくれ。
言ってることは分かるんだけど、私はそういう考え方は受け付けないんだ。

POD 最低10回は音読しましょう

● 最初の**10**回 (これだけでもOK)

1	2	3	4	5	6	7	8	9	10

● 勢いがついたらあと**10**回

11	12	13	14	15	16	17	18	19	20

● まだいけそうならプラス**10**回

21	22	23	24	25	26	27	28	29	30

● 最強になれるトータル**40**回

31	32	33	34	35	36	37	38	39	40

この**音**注意

Hold on.

I do know what you're talking about, but my mind doesn't work that way.

(16 語)

Useful Expressions

■ **what you're talking about** —— あなたが話していること/内容
は意味のカタマリとして一語のようにひと息で。

■ **hold on** —————————— 待つ

■ 無生物主語 **work** ————— 作用する、動作する

瞬発力 TIPS

「受け付けない」という日本語を聞いたときに、反射的に **I can't accept** のような直訳的な表現が思いつくかもしれません。ここでよりナチュラルな無生物主語を使ってみましょう。
My mind doesn't work that way を直訳すると、「私の心はそのようには作用しない」 といういかにも不自然な日本語になります。
I don't think so や **My opinion is different...** のような表現の代わりに、**My mind doesn't work that way** を使った時から英語の発話のスピードと発想が大きく変化することになります。

真昼のせつなさ

あなたがいない週末なんて

I find the weekend dull

without you...

The day feels ridiculously long

when I'm alone.

▼訳

あなたがいないと、週末がつまらない...
一人でいると一日が長すぎて。

この**音**注意

I fin**d** the weeken**d** dull without you...

The day feels ridiculously lon**g** when I'm alone.

（15 語）

Useful Expressions

- **find ＋ 〜（名詞／目的語）＋ ...（形容詞）** ―― 〜を…だと思う（見出す）
- **dull** ―― 退屈な、面白くない、つまらない、さえない、どんよりした
- 無生物主語 **〜 feels ＋（形容詞）** ―― 〜を…だと思う（感じる）

瞬発力 TIPS

《"思う"はthinkだけでなくfindでも》
「〜って…だと思う」と英語で言うときに、I think 〜 is ... というパターンを使いがちかもしれませんが、《I find ＋ 名詞（目的語）＋ 形容詞》のパターンも意外なほど使われるので音読しておきましょう。findは「見つける」という意味だけではなく、「思う・考える・感じる（〜であることを"見出す"）」という意味で使われることも非常に多いです。ゆえにthinkに近い意味になります。次ページのような例を見ると、その使用頻度が実感できると思います。

① 私はそれをとても楽しいと思った。　➡ I found it very fun.

② 彼は新しい仕事が
やりがいがあると考えている。　➡ He finds the new job
challenging.

③ あの人は素敵（魅力的）だと思う。　➡ I found her/him attractive.

④ あんなに素敵な人なんて
もう見つけられない。　➡ I can't find anyone as
attractive as her anymore.

⑤ その映画の面白い部分は何だと思う？➡ What do you find exciting
about the movie?

瞬発力TIPS

また、上記の**I find** 〜での英文では主語が人間である、"I"となっていますが、222ページの2つ目の英文では**The day feels** 〜の無生物主語となっていることに注目してください。「同じ内容を違った主語で自在に表現できる」ことを音読することによって体感し、身体に練り込んでください。

▌強く発音されるところはいつも同じ

　ネイティブスピーカーが英語を発音すると、音が崩れてあいまいになることがあります。でも心配はいりません。単語の中で一番強く発音される部分は、常に同じところです。そして、1つだけなのです。そのため、辞書などで単語を検索するときは、意味を調べるだけでなく、必ず第1アクセントのある母音をチェックしてみてください。そして、第1アクセントが付いている音は、「強く、他の2倍の長さで、大げさに」口に出してみましょう。例えば、problemという単語は次のように変化していきます。下へ行くほど速く発音され、音が崩れていきますが、強調されるのは常にROの部分なのです。

　p、b、mの後には母音を入れないように注意して、音読してみてください。

---

pROblem（pラーbレm）
　　　↓
pRObm（pラーbm）
　　　↓
pROm（pラーm）

　第1アクセントが強調されると、その前後の音は自然と弱くなっていきます。pもmもかなり弱く発音されることに気が付きましたか？problemが速く発音されると、pRObmにも、pROmにもなります。このことを、繰り返し音読して体に覚え込ませておくと、今度はリスニングのときにもすっと聞き取ることができるんです。また、発音の練習をするときは、おでこから出るような細くて高い声ではなく、太くて低い声で読むと効果的です。喉の下の方で、びりびりと共鳴するような感じです。ギターの弦が緩んだ時の太い音のイメージですね。鎖骨と鎖骨の間の柔らかい部分に軽く指先で触れて、喉が震えていることを感じながらやってみましょう。

先輩っぽく話す

私もそうだったから

🔊 Track | **090**

I know

what it's like to have

that struggle.

▼訳 ···

その辛さはわかるよ！（自分もそうだったから。）

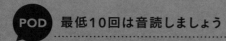

POD 最低10回は音読しましょう

● 最初の**10**回（これだけでもOK）

1	2	3	4	5	6	7	8	9	10

● 勢いがついたらあと**10**回

11	12	13	14	15	16	17	18	19	20

● まだいけそうならプラス**10**回

21	22	23	24	25	26	27	28	29	30

● 最強になれるトータル**40**回

31	32	33	34	35	36	37	38	39	40

この**音**注意

I know what it's li**k**e to have tha**t** struggle.

（9 語）

Useful Expressions

■ **what it's like to ～** ┄┄┄ ～することがどういうことか（どのようなものなのか）
は意味のカタマリとして一語のようにひと息で。

┄┄┄┄┄┄┄┄┄┄┄┄┄┄┄┄┄┄┄┄┄┄┄┄┄┄┄┄

■ **struggle** ┄┄┄┄┄┄ 苦労、困難、つらい目

瞬発力 TIPS

今回の例文は、話し相手に対して共感を伝えることに好適な表現でできています。**what it's like to ～**は「（実際に）～するってどういうことか」という訳でまるで1つの単語のように覚え、ひと息で言えるように音読しておきましょう。また、「苦労」「つらい目」などは**pain**、**hardship**など色々ありますが、使い分けがなかなか大変です。ここで汎用性が高く、意外に思いつきにくく、しかもよく使われる、盲点と言える **struggle**（努力で困難を乗り越えるタイプの"苦労"）を使えるようになっておきましょう。**struggle** を動詞として使う場合、**I struggle a lot with English** で「英語でとても苦労しているんです」、また**I struggle a lot**だけで「大変なんですよ」という日本語のようなニュアンスで気軽に心情を伝えることもできます。

Obviously,

you never know

what's waiting for you,

but I'm sure

you'll see

what you can do

when you try!!

▼ 訳

もちろん、先のことは分からないけれど、やってみれば何ができるか見
えてくるはずだよ。

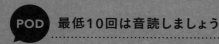

POD 最低10回は音読しましょう

● 最初の**10回**(これだけでもOK)

1	2	3	4	5	6	7	8	9	10

● 勢いがついたらあと**10回**

11	12	13	14	15	16	17	18	19	20

● まだいけそうならプラス**10回**

21	22	23	24	25	26	27	28	29	30

● 最強になれるトータル**40回**

31	32	33	34	35	36	37	38	39	40

この音注意

Obviously, you never know what's waiting for you, but I'm sure you'll see what you can do when you try!!

(20 語)

Useful Expressions

■ **what's waiting for you** ——— あなたを待っている物事（これからあなたに起こること）
は意味のカタマリとして一語のようにひと息で。

■ **obviously** ——— 明らかなことですが（当たり前のことですが）

■ **what you can do** ——— あなたにできること

瞬発力 TIPS

「先のことは分からない」と言いたいときに、future(未来) や predict(予言する) などを使おうとすると途端に英文を作るのが大変になってしまいます。

ここは使い回しのきく関係詞を使えるようになりましょう。what's waiting for you は「あなたを待ち受けていること」という意味なので、転じて「先のこと」を表現できます（what's coming to you もよく使います）。

取り返しのつかない失敗

地雷踏んだな

◀》 Track│**092**

Oh,

that's where

it went wrong...

Now I see

he took a wrong turn

in his life.

▼訳

あ～、そこで"地雷"を踏んじゃったんだな…
人生において"ボタンをかけ間違えた"ということか。

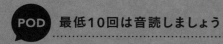

この**音**注意

Oh, that's where it went wrong...

Now I see he took a wrong turn in his life.

（17 語）

Useful Expressions

■ **where it went wrong** ⸻ 間違えた地点
は意味のカタマリとして一語のようにひと息で。

■ **take a wrong turn** ⸻ 間違った方向に向かう/曲がる

瞬発力 TIPS

日本語でよく使う比喩表現で「地雷を踏む」「（シャツの）ボタンをかけ違える」とよく言います。
ジョークっぽく使うこともあれば、真剣な人生の話にも登場しますが、英語では wrong という単語がキーとなります。where it went wrong は（間違えた地点）、take a wrong turn は（間違った方向に向かう/曲がる）となり、どちらの日本語にも無理なく楽に対応できます。

また、go wrong には場合によっては「うまくいっていない」というレベルをはるかに超えて、「悲惨な結果（例えば人身事故など）を招いた」「想定外のひどい結末になる」のようなニュアンスで使われることもよくあります。

\ Unit /

93

その単語、
どういう意味？

・・

それはね…

🔊 Track | **093**

What does

"contradiction" mean?

Well, it means (that)

what you're saying now

is different from

what you were saying

in the past.

▼訳 ・・・

"contradiction（矛盾）"ってどういう意味かって？
それは過去に言ってたことと今言ってることが違ってるっていう意味だよ。

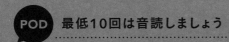
この音注意

What does "contradiction" mean?

Well, it means (that) what you're saying now is different from what you were saying in the past.

（22 語）

Useful Expressions

■ what you're saying now ──── 今君が言っていること
■ what you were saying in the past ── 前に君が言っていたこと
は意味のカタマリとして一語のようにひと息で。

瞬発力TIPS

contradiction（矛盾）という抽象的な単語を「意図と行動」を把握して、シンプルな使い回しの利く関係詞で「因数分解」すると上記のような英文になります。

what you're saying now も what you were saying in the past も「一語のようにひと息で」音読するようにしてください。これだけで、ナチュラルな英語のリズムに乗って、難しい内容も軽快に表現することに慣れることができます。

下世話な質問に反撃する

生きがいだって？

What keeps me going?

You tell me.

I mean,

that's what I'd like to know.

▼訳

生きがいは何かって？
こっちが知りたいくらいだよ。
っていうか、それが分かれば苦労はしないけど。

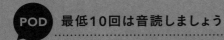
この音注意

What keeps me going? You tell me. I mean, that's what I'd like to know.

（15 語）

Useful Expressions

- **what I'd like to know** ── 私が知りたいこと（⇒私が知りたいくらいだ）
  は意味のカタマリとして一語のようにひと息で。
- **You tell me** ── 知らないよ、こっちが聞きたいくらいだよ
- **I mean** ── っていうか

瞬発力 TIPS

「生きがい」という言葉は日本語でよく使われますが、直訳しようと考えている間に会話はどんどん進んでいってしまうことが容易に想像できますね。例えば、**What's your driving force?**（あなたの原動力は何ですか？）や **What do you live for?**（あなたは何のために生きていますか？）のように直訳に近い形で言えるのであればその場においては問題ありませんが、これでは根本的には日本語の置き換えになってしまい、英語的発想を体得するチャンスをみすみす逃すことになります。まずはシンプルに **What keeps ～ going?** で対応させましょう。これで十分です。

What?

You mean

I'm making

too many avoidable errors?

You'd better listen

to yourself.

You don't even recognize

your own mistakes.

▼訳 ....

俺の凡ミスが多すぎるだと？
どの口が言ってんだよ。
自分のミスに気づきすらしないくせに！

236

POD 最低10回は音読しましょう

🔊 最初の**10**回（これだけでもOK）

| 1 | 2 | 3 | 4 | 5 | 6 | 7 | 8 | 9 | 10 |

🔊 勢いがついたらあと**10**回

| 11 | 12 | 13 | 14 | 15 | 16 | 17 | 18 | 19 | 20 |

🔊 まだいけそうならプラス**10**回

| 21 | 22 | 23 | 24 | 25 | 26 | 27 | 28 | 29 | 30 |

🔊 最強になれるトータル**40**回

| 31 | 32 | 33 | 34 | 35 | 36 | 37 | 38 | 39 | 40 |

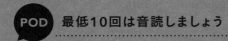

この**音**注意

What? You mean I'm making too many avoidable errors? You'd better listen to yourself. You don't even recognize your own mistakes.

（21 語）

Useful Expressions

- **You mean 〜** ── 〜ということ？、〜と言いたいわけ？
- **avoidable error** ── 回避可能なミス（⇒凡ミス、ケアレスミス）
- **listen to yourself** ── あなた自身が言っていることを聞け
  （⇒自分ができていないのによく言うねというニュアンス）

瞬発力 TIPS

《会話をスムーズにする You mean 〜 ？》
相手が言っている内容を確認するときはすかさず、You mean 〜 ？と聞き返しましょう。反射的にできるように音読しておくことが重要です。今回の例文では「〜って言いたいわけ？」のような日本語訳だとしっくりくると思います。

誰かに告白したいときに

失うものなんてないじゃない

🔊 Track | **096**

Why don't you

just talk to her

anyway?

The least you can do

is try!!

You have nothing

to lose,

don't you think?

▼ 訳

まずは話しかけてみたら？
なにはともあれ、やってみればいいじゃん！
失うものなんてないでしょ？　違う？

この**音**注意

Why don't you just talk to her anyway?

The least you can do is try!!

You have nothing to lose, don't you think?

（23 語）

Useful Expressions

■ **the least you can do** ——— できる最小限のこと（⇒少なくともできること）
は意味のカタマリとして一語のようにひと息で。

- -

■ **Why don't you〜** ——— 〜するのはどう？

■ **anyway** ——— とにかく

■ **have nothing to lose** ——— 失うものは何もない

瞬発力 TIPS

相手に何か助言するときに、**You should 〜** を使いがちかもしれません。この場合、少しぶっきらぼうで上から目線の「忠告/アドバイス」に聞こえるリスクが多少なりともあります。そこで **Why don't you 〜** を使うと、より穏やかな「提案」として相手には聞こえます。

You know what?

Unless you give up,

you're not a failure.

I mean,

unless you give up,

you're still winning.

▼ 訳

いいかい？
参ったと言わない限り負けたことにはならないんだよ。
というか、あきらめない限りは、勝利につながっているんだ。

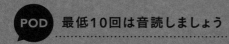
この**音**注意

You know what? Unless you give up, you're not a failure. I mean, unless you give up, you're still winning.

（20 語）

Useful Expressions

- **You know what?** ……… いいかい？
- **unless** ——— 〜しなければ、〜しない限り

瞬発力 TIPS

You know what? は「あのね」「いいかい？」のようなカジュアルな呼びかけとなり、多用されます。いきなり本題に入るよりも格段に英語で話しやすくなるので、声に出して慣れておきましょう。

日常会話の中で、何かを警告したり注意したりするときに「〜しないと〜になっちゃうよ！」と言う場合がありますね。そのようなときに実は文頭の「出だし」でunlessはよく使われるので、瞬間的に口に出せるように音読して予行演習しておきましょう。「〜しなければ」「〜しない限り」という日本語訳で覚えておけば、とても使いやすくなります。

You can't get it unless you pass both practical skills and written test.

（実技試験と筆記試験に合格しないと取得できないよ）

持ちつ持たれつ

仕事を楽しむコツ

I enjoy

learning from the people

who know more than I do.

I enjoy

helping the people

who know less than I do.

That's how I enjoy

what I do at work.

▼訳

私より詳しい人からは楽しく学んで、
私より詳しくない人のことは楽しく手伝ってる。
そんな感じで仕事を楽しんでる。

POD 最低10回は音読しましょう

● 最初の**10**回（これだけでもOK）

| 1 | 2 | 3 | 4 | 5 | 6 | 7 | 8 | 9 | 10 |

● 勢いがついたらあと**10**回

| 11 | 12 | 13 | 14 | 15 | 16 | 17 | 18 | 19 | 20 |

● まだいけそうならプラス**10**回

| 21 | 22 | 23 | 24 | 25 | 26 | 27 | 28 | 29 | 30 |

● 最強になれるトータル**40**回

| 31 | 32 | 33 | 34 | 35 | 36 | 37 | 38 | 39 | 40 |

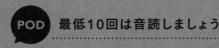

この音注意

I enjoy learning from the people who know more than I do. I enjoy helping the people who know less than I do. That's how I enjoy what I do at work.

（32 語）

Useful Expressions

■ **the people who know more than I do** …… 私より多く知っ ている人（⇒私より知識や経験やスキルが多くある人）

■ **the people who know less than I do** …… 私より知らない ことがある人（⇒私より知識や経験やスキルが少ない人） は意味のカタマリとして一語のようにひと息で。

……………………………………………………………………

■ **enjoy 〜ing** …………… 〜することが好きだ

瞬発力TIPS

今回は enjoy という単語が出てきました。そして感覚をつかむために enjoy という単語をあえて重複させています。「〜が好きだ」「〜することが好きだ」を英語で言うときに、like や love といった表現が思いつきやすいかもしれません。でもここで直訳を離れて思い切って enjoy を使っていきましょう。新しい感覚を味わうことができるはずです。

I have nothing but motivation, and
the only option I have is to start from
scratch.
I'm very proud of what I'm doing
now.

▼訳 ....

自分にあるのはモチベーションだけで、ゼロから始める選択しかない。
今自分がやっていることをとても誇りに思ってる。

244

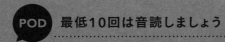

POD 最低10回は音読しましょう

● 最初の**10回**（これだけでもOK）

1	2	3	4	5	6	7	8	9	10

● 勢いがついたらあと**10回**

11	12	13	14	15	16	17	18	19	20

● まだいけそうならプラス**10回**

21	22	23	24	25	26	27	28	29	30

● 最強になれるトータル**40回**

31	32	33	34	35	36	37	38	39	40

この音注意

I have nothing but motivation, and the only option
I have is to start from scratch.
I'm very proud of what I'm doing now.

（24 語）

Useful Expressions

- **the only option I have** ── 持っている唯一の選択肢
- **what I'm doing now** ── 今やっていること
  は意味のカタマリとして一語のようにひと息で。

- **nothing but 〜** ── 〜しかない
- **to start from scratch** ── ゼロから始める

瞬発力TIPS

今回の例文は特に感情を込めやすく、また仕事や何らかの会合などで「英語で何かスピーチしろ！」のようないわゆる「英語のムチャ振り」を食らったときにも、ソツなく対応することができる内容でもあるので、しっかり音読して覚えてしまいましょう！the only option I have（持っている唯一の選択肢）、to start from scratch（ゼロから始めること）、what I'm doing now（今やっていること）の３つの意味のカタマリを「一語のようにひと息で」音読することに集中してみてください。

\ Unit /

100

スマートに
感謝を伝える

....

納得できました

🔊 Track | **100**

Thank you for explaining everything in detail.
Now it makes sense to me.
I appreciate it so much.

▼ 訳

いろいろ細かくご説明頂いてありがとうございます。
これで納得ができました。
本当に感謝しております。

POD 最低10回は音読しましょう

● 最初の**10**回 (これだけでもOK)
| 1 | 2 | 3 | 4 | 5 | 6 | 7 | 8 | 9 | 10 |

● 勢いがついたらあと**10**回
| 11 | 12 | 13 | 14 | 15 | 16 | 17 | 18 | 19 | 20 |

● まだいけそうならプラス**10**回
| 21 | 22 | 23 | 24 | 25 | 26 | 27 | 28 | 29 | 30 |

● 最強になれるトータル**40**回
| 31 | 32 | 33 | 34 | 35 | 36 | 37 | 38 | 39 | 40 |

この**音**注意

Thank you for explaining everything in detail.

Now it makes sense to me.

I appreciate it so much.

（18語）

Useful Expressions

■ **in detail** ―――――― 細部にわたって

■ 無生物主語 **... make sense to ～** ―――― ～に対して意味をなす
（～が…に納得する）

■ **appreciate** ―――― ～をありがたく思う、～に感謝する

瞬発力TIPS

「ありがとう」でまず思いつくのは Thank you ですが、I appreciate it とセットで覚えます。appreciate は Thank you の代わりに使うこともあれば、添えられる場合もありますが、これだけで相手に与える印象が格段によくなります。

使用頻度があまりにも多いので、Thank you for your help/kindness, I really appreciate it と一文で音読して暗記しておく価値があります。"thank" は「人」に、"appreciate" は「物事」に感謝する、という違いがあり、また、"appreciate" は "thank you" よりも丁寧なニュアンスとなることも知っておきましょう。

【著者】

横山カズ

同時通訳者（JAL／日本航空ほか）。翻訳家。iU（情報経営イノベーション専門職大学）客員教授。関西外国語大学外国語学部スペイン語学科卒。20代半ばから英語を独学。武道、格闘技経験を活かし、外国人向けのナイトクラブのバウンサー（用心棒）を経験後に通訳キャリアを開始。以来、同時通訳者として、米国メリーランド州環境庁、IATA（国際航空運送協会）、AAPA（アジア太平洋航空協会）、元アメリカ陸軍工兵隊最高幹部ジェームズ・F・ジョンソン博士及び元アメリカ開墾局研究者デビッド・L・ウェグナー氏の通訳担当、生物多様性条約第10回締約国会議（COP10）関連シンポジウム等の同時通訳を歴任。英語講師：楽天、日経、JALグループ、学びエイド他多数。三重・海星中／高等学校・英語科特別顧問。角川ドワンゴ学園・N高校／S高校講師。武蔵野学院大学・元実務家教員。パワー音読（POD）®開発者。NHK、ジャパンタイムズAlpha紙など連載多数。著書：著書28冊（岩波書店2冊他）取得資格：英検1級。英語発音テストEPT100（満点：指導者レベル）国際英語発音協会認定・英語発音指導士® ICEEトーナメント総合優勝（2回）

入門・独学でも英語が話せる
3分間パワー音読トレーニング

著者	横山カズ
執筆協力	水谷理楽
ブックデザイン	山之口正和（OKIKATA）
本文デザイン	岡部夏実（Isshiki）
DTP	さかがわまな（Isshiki）
音声収録・編集	エートゥーゼット